「全米最優秀女子高生」を
育てた教育法

世界最高の子育て

ボーク重子

ダイヤモンド社

はじめに

自分で人生を切り開き、どんなときも自分らしく強く生きて欲しい。それは ワシントンＤＣで娘スカイを産んだとき、私が思ったことです。

私は福島で生まれ、高校卒業と同時に東京の大学に通い、ロンドンの大学院留学時に出会ったアメリカ人の夫との結婚を機にワシントンＤＣに移住しました。そして私の子育てはそんな想いとともに始まり、最適の子育て法を模索することになったのです。

以来、科学的データ、最新の教育法、アメリカエリート教育に心理学セミナー、名門大学の子供の将来に対する考え方などいろんなことを学び、経験しながら、私は18年間の子育てに数多くの「インターベンション（Intervention）＝介入」をすることとなります。「インターベンション」とは、言わば子供を導き成長を支える足場づくりのようなもの。それを見つけるのも登るのも子供ですが、足場がそこにある状態にしておくのが親の役目です。

そんな我が家の教育方針で育った娘は、幼稚園や小学校低学年ではＤやＢの鏡文字で書いた手紙に嬉々とし、英語のスペルは耳で聞いたままを綴り、九九も算数のドリルもやったことがなく、小中高校と踊るのが大好きで塾とも無縁の生活をしてきました。けれど、２０１７年7月に**全米の女子高校生が知性や才能、リーダーシップを競う大学奨学金コンクール「全米最優秀女子高生」（The Distinguished Young Women of America Scholarship）**で優勝することになります。

「全米最優秀女子高生」コンクールでの優勝

その娘も２０１７年9月には大学生となりました。マンハッタンの北部、モーニングサイド・ハイツという地域にあるコロンビア大学で娘は寮生活をしています。アメリカの大学の学費の高さは有名で、受験時にその学費の高さに驚いた娘は、学費の足しになれば、とこの「全米最優秀女子高生」という奨学金コンクールに応募したのです。

これは60年もの伝統あるコンクールで、全米の高校生に贈られる賞の中では、最も名誉があるものの一つです。今までに参加した高校生の数は80万人近くにのぼります。毎年各州と自治区の予選を勝ち抜いた51人の代表が南部アラバマ州モービル市で２週間にわたって競い合い、審査が行われますが、娘は首都ワシントンＤＣ代表として出場しました。

州ではなく自治区のワシントンDCは過去数回しか出場歴がなく、60周年となった記念すべき昨年のコンクールでワシントンDC代表は新参者も同然でした。だからこの大会での存在感、競争力と経験のないワシントンDC代表が勝つことは全く期待されておらず、ましてやアジア系が優勝したことは過去60年の歴史で3回だけと稀なこともあり、娘のスカイが優勝したときは、テレビにラジオに新聞雑誌とアメリカでもあらゆるメディアで大変話題となったのです。

ワシントンDCの市長さんや、私が生まれた福島の町の町長さんからも祝電が届き、日本でも「全米最優秀女子高校生」として新聞やメディアに取り上げていただきました。

その後、私までインタビューを受けたのですが、「優勝の秘訣は何だったのでしょうか？」という質問が繰り返されました。

娘は英才教育を受けた子供ではありませんし、彼女よりもテストでいい点数を取れる子はいくらでもいることでしょう。ただし、**アメリカで今最も重視されている基準は「学力」ではありません**。それは「全米最優秀女子高生」奨学金コンクールの審査基準にも表れています。

「全米最優秀女子高生」コンクールの5つの基準とは

このコンクールの審査基準には、今後子供たちが世界で生きていく上で必要だとアメリカの教育機関や企業、そして親たちが重視していることが色濃く反映されています。審査項目は5つで、**知力25%、コミュニケーション力25%、特技20%、体力15%、自己表現力（セルフ・エクスプレッション）15%の配分で総合点が競われます**。「知力」は全体の4分の1ですから、テストの点数だけでは勝てません。また「知力」には教科の難易度、成績以外に学びの姿勢や学校、そしてクラスメイトへの貢献度も含まれます。「コミュニケーション能力」は審査員5人との面接で測られ、時事問題など多岐にわたる課題について話し合いますから、知識、思考力、対話力、伝える力が問われます。「特技」では自分の強みとパッション（好き）を発揮することが要求され、娘は3歳から続けてきたバレエを踊りました。特技で見られるのはその習熟度もあるでしょうが、大切なのはずっと続けてきたというパッション（好き）と、困難を乗り越えやり抜く力です。「体力」は指示された振り付けで10分間全員で踊るのですが、これは全員で頑張り一緒に作り上げるという問題解決能力と協働力が見られます。「自己表現力」の審査は、くじを引いてそこに書かれた質問に10秒後に答えるというものでした。

「全米最優秀女子高生」コンクール

The Distingnished Young Women提供

そこで一貫して問われていたことは、**正解のない問題に自分なりの答えを見つけ、解決していく力です。娘はこうした「正解のない問題にどう立ち向かうか」を、アメリカで幼少期から一貫して学んできました。**

娘が幼稚園から高校まで通った学校は、全米でトップレベルの私立校の一つでしたが、そこでは学力だけでなく、社会情緒的スキル(Social Emotional Competency＝SEC)の育成も重視してきました。

SECとは、自分に対する自信、協調性を持って社会と関わっていける協働力、自制心、責任感、共感力、コミュニケーション力などを指します。これは、IQや学力テストで計測される認知能力に対して「非認知能力」と呼ばれるものです。
2000年にノーベル経済学賞を受賞したシカゴ大学のヘックマン教授は、学力試験で計測できない「非認知能力」こそが、将来の年収や学歴、職業などにおける人生の成功に極めて重要であると言っています。

昨今、海外の名門大学に多数の卒業生を輩出している渋谷教育学園の田村哲夫理事長も、中高時代にこうした「非認知能力」を育てることの重要性を唱えています。

この本では、私が身をもって体験した、アメリカのトップ校で行われているエリート教育を紹介していきたいと思います。中でも「全米最優秀女子高生」奨学金コンクールでも評価の基準だった「思考力」「コミュニケーション能力」「自己表現力」、そして「回復力」と「長所の伸ばし方」について、誰でも日々の暮らしの中で簡単に実践できることを具体的にご紹介することで、「真の学ぶ力」と「非認知能力」を育むお手伝いができたら――そんな思いで、この本を書いていこうと思います。

アメリカの名門校で知った、日本の教育との違い

私と夫の育児は学校選びから始まったといえます。私も夫も公立校育ちですから、最

初は特に娘を私立校に通わせようとは思っていませんでした。

ところが、私が夫と娘スカイとともに居を構えたアメリカ・ワシントンＤＣの公立校は当時、全米でもランキングが最下位に近く、大人の非識字率は20％。教育レベルが均一的な日本から来た私には信じられないような状況だったのです。一方、車で30分ほどの場所にあるバージニア州やメリーランド州に行けば、全米でも1、2位を争う優れた公立校がありました。引っ越すことも考えましたが、夫と私の仕事の関係で、どうしてもワシントンＤＣを離れることができない事情がありました。それで娘を幼稚園から高校まで私立校に通わせる選択をしました。

そこで真っ先に遭遇したのは、**「アメリカのエリート教育は英才教育ではない」**ということだったのです。これは日本の皆さんには意外なのではないでしょうか。当然そうだろうと思っていた私には驚きでした。

日本では早期から文字や数を覚えるなど、知識、技能の習得が早い子供を「スーパーキッズ」として賞賛しますが、アメリカでは近年の学術的研究をもとに、こうした早期英才教育は推奨されていません。初等教育に携わるエリート校の教師や、そこに子供を通わせる母親たちが口を揃えて言う**「子供時代は子供らしく」**という言葉が、早期英才教育を重視していないことを象徴しています。小学校の入学を1年遅らせる人もたくさんいますから、本当に英才教育はそれほどの関心事ではないのです。

娘が入学したボーヴォワール校（Beavoir）も、英才教育どころか私が日本で経験した「みんな同じ」という環境やトップダウンの授業、減点方式のテストに放課後の塾通いとは真逆のものでした。

小学校3年生になるまで宿題はゼロ。教科書もありませんでした。それでも私は日本で生まれ育った母親です。九九も教わらない娘が「他の子に遅れをとっている」ようで心配になり、先生に相談したところ「人よりも早い時期に速く計算ができるようになることがそんなに大事なの？」と逆に質問されてしまいます。そして「どうしても宿題が欲しいなら」と課された課題が**「毎日20分間の空想」**だったのです。

私はこの言葉に半信半疑ながら、娘のためにクレヨンや画材を置いた「アートルーム」という空間を設け、小学校6年生くらいまで、毎日20分間自由に過ごさせました。絵を描くこともあれば、何もせずぼーっとしていることもありました。周りのお友達も習い事や勉強に駆り立てられる雰囲気は全くなく、放課後は学校の校庭や公園に行き、泥んこになって遊んでいました。

こんなのんびりした毎日を送っている子供たちでしたが、高校卒業後、彼らの多くはアイビーリーグ*などトップスクールに巣立って行くのです。

＊アイビーリーグ大学（（　）内2017年ウォールストリートジャーナル大学ランキング）
ハーバード大学（1位）、コロンビア大学（2位）、エール大学（6位）、ペンシルバニア大学（8位）、プリンストン大学（9位）、コーネル大学（10位）、ブラウン大学、ダートマス大学

娘スカイが受けた意外な教育法

教科書もなく宿題は空想だなんて、と思われることでしょう。それで一体どうやって奨学金コンクールで優勝したり、アイビーリーグに合格できるんだ？　と思いますよね。

それはアメリカのエリート校が重要視しているのが、学力と併せて「非認知能力」を育むことだからです。この概念は我が家にとって、最初の大きな「インターベンション＝介入」でした。

ここで言う「学力」も、アメリカのエリート校では日本の偏差値や点数とは解釈が違います。それは学習内容の理解に加えて、これからの社会で必須となってくる「自分で考える力」や「自分の意見を伝える力」「実行機能」「クリティカルシンキング」という生涯を通じての技能であり、「自分の興味に応じて秀でたところをさらに伸ばす」と言ったような個性の発揮が含まれます。そして、それらは高い非認知能力で効果的に育ま

れ、発揮されるのです。

独自の効果的な学力指導の方法に加え、心を強くする訓練を幼稚園からするのですから、鬼に金棒ですよね。

「レスポンシブ・クラスルーム」メソッド

娘が通っていたボーヴォワール校は3歳から10歳までの期間を、子供時代で最も実りが多い時期と捉え、学力だけではなくコミュニケーション力、自信、自制心、協働力、責任感、共感力といった非認知能力（社会情緒的スキル）の育成に力を入れています。

こうした教育のために、ボーヴォワール校が実践するのが**「レスポンシブ・クラスルーム（Responsive Classroom）」と呼ばれる教育のメソッドです。**

「レスポンシブ・クラスルーム」のアプローチを採用することにより、子供たちの学力が向上するだけではなく、安定した精神状態が得られ、いじめが減る、子供たちの学習意欲や社会への参加意識が高まるなどの効果が、学術的にも明らかになっています。

２０１１年のバージニア大学での調査結果によると、レスポンシブ・クラスルームの手法を全面的に取り入れた多くの教師が、生徒の社会経済的環境にかかわらず（特に低所得層において）学力が向上し、クラスの雰囲気が改善したとしています。

昨今ではアメリカの多くの公立校でも導入され、さらにこの2年間では、カナダ、中国、インド、シンガポール、香港、台湾、スペインなど海外でも広くワークショップが開催されるなど、注目が高まっています。

この教育法については第1章で詳しくご説明します。

非認知能力と学力の関係

コミュニケーション力、自分に対する自信、協働力、自制心、責任感、共感力に代表される「社会情緒的スキル（Social Emotional Competency＝ＳＥＣ）」。これがＩＱや学力テストで計測される認知能力に対して「非認知能力」と呼ばれるものですが、これは２０２０年度から改定される日本の学習指導要領の中心でもあります。

ＳＥＣは我が家の子育ての重要な足場となり、ＳＥＣ強化のためにいろんな「インターベンション＝介入」をしていくこととなります。

ですが、本当に計測不可能なＳＥＣを育むことが学力を高めることにもつながるのでしょうか？　優れた学力が身につくことは、この学校の卒業生の進学先を見れば明らかです。ＳＥＣを重視した教育法のボーヴォワール校（小学校３年で卒業）から系列のナショナル・カテドラル校（National Cathedral School 小学校4年から高校3年）に娘は通っていたのですが、その生徒たちの大学入試適性試験（SAT）平均点は2400点満点中2110点。全米公立校トップのマサチューセッツ州の平均から600点近く高いもので、娘を含めた2017年の卒業生はハーバード、スタンフォード、コロンビア、エール、シカゴ大学といった全米トップ20の大学へ進学したのです。

「実は小さいときから、家庭教師や塾など、こっそり秘密の特訓を受けていなかった？」と今になってボーヴォワール校のママ友たちに確かめてみましたが、皆がその質問自体に驚いたような顔でした。ボーヴォワール校と、その系列のナショナル・カテドラル校（女子校）、セイント・アルバンズ校（男子校）の卒業生には米副大統領や国務長官、大統領の子供たち、代議士、起業家にエンターテイナーなど誰でも知っているような世界を動かすパワーハウスが名を連ねます。ここの卒業生は成功しているだけではなく、社会の一員として非常に役に立っているのです。こうしたことからも学力プラス非認知能力の強みが証明されていますよね。

勉強の先取りをする英才教育と、アメリカのエリート教育は根本的に目指しているものが違います。点数を伸ばす英才教育が個人的利益だとすると、アメリカのエリート教育は世の中全体の利益を見据えたビジョンの大きな教育だと言えます。

成功や喜びだけでなく、悩み、迷い、後悔、失敗、失望も経験しながら育ったスカイが全米最優秀女子高生に選ばれたのは、点数という画一的なものではなく、思考力とスキル、そして小さい頃から鍛えられた「非認知能力」に負うところが大きいと思います。

アカデミックな研究に裏付けられた子育て

この本の中でご紹介していく様々な実践やアイデアは、娘が通っていた学校や、私自身、あるいは私の友人たちの個人的な成功体験を、思い出が詰まったアルバムのように徒然《つれづれ》と書き記すものではありません。

これらはどれも、学力やスキルと一緒に「非認知能力」を育むための有効なインターベンションです。教育者、研究者、科学者、そして親たちが子供たちの成長に応じて、あらゆるインターベンションを試行錯誤しながら工夫してきた結果、エビデンスです。

アメリカではこのように、家庭、学校、社会において、学術的な研究成果が教育や子育てに実践的に活かされています。これから5章にわたり、アメリカのエリート校やそこに通う家庭でどのような子育てが実践されているのか、実際の教育メソッドそして

その他ライフイベント	夏休み （サマーキャンプと*インターンシップ、ボランティア）
	毎年夏は日本に2、3週間里帰り（福島と東京に滞在）
バレエを習い始める	
幼稚園お受験（テストと面接。準備は何もしませんでした）	
*DやBという子供らしい鏡文字、スペルは聞こえたまま、九九もなし	*1年生から5年生の夏まではワシントンバレエ団付属学校で通いのバレエキャンプ
	それに加えて、テニスなどの日帰りキャンプを経験、勉強関係のキャンプはゼロ
*3年生で卒業するまで教科書もなし、宿題は20分の空想、塾とは無縁	
小学校受験（系列内でも試験があります）	*5年生の夏からオーディションで合格した2～5週間のバレエキャンプに参加
	アメリカン・バレエ・シアター付属学校（学費一部免除）
	ジョフリー・バレエ
バレエを本格的に始める	ニューヨーク・シティー・バレエ団付属学校
一年間の日本留学	ワシントン・バレエ団付属学校
ワシントン・バレエ団「くるみ割り人形」公演で主役	サンフランシスコ・バレエ団付属学校（学費全額免除） *10年生の夏からはバレエに加えてインターンを経験
日米の高校生が日米問題を話し合うクラブ、HSIF創設	*国際学生会議（International Student Conference）
ヤング・アメリカ・グランプリ（YAGP）決勝出場	*ハルシオンハウス、ワシントンバレエ団付属学校（先生の補佐）
第一志望のコロンビア大学を早期受験	*ハルシオンハウス、ワシントンバレエ団付属学校（先生の補佐） *福島県選出参議院議員森まさこ事務所
米大統領教育賞(Presidential Scholar) セミファイナリスト 7月全米最優秀女子高生コンクール優勝 初の寮生活スタート	

図1 | 娘スカイのこれまで

	年齢	学校生活
1998	0	10月、ワシントンDCで生まれる
1999	1	
2000	2	インタウン(プレイグループ)に1年間参加
2001	3	セントジョンズ(ナーサリー)に2年間参加
2002	4	
2003	5	ボーヴォワール校入学(Pre-K) レスポンシブ・クラスルーム
2004	6	Kindergarten
2005	7	1年生(9月始まりで10月生まれの娘は入学時は6歳)
2006	8	2年生
2007	9	3年生
2008	10	ナショナル・カテドラル校初等部入学(4年生)
2009	11	5年生
2010	12	6年生
2011	13	ナショナル・カテドラル校中等部進学(7年生)
2012	14	東京にあるアメリカン・スクール留学(8年生)
2013	15	ナショナル・カテドラル校高等部復学(9年生)
2014	16	10年生(日本の高校1年生)
2015	17	11年生
2016	18	12年生
2017	19	6月ナショナル・カテドラル校Cum Laudeで卒業 *Cum Laude(成績優秀者に送られる賞) 9月コロンビア大学入学

数々のインターベンション=介入を詳しくご紹介します。

中でも、これからの時代に教育機関や企業、親が必要だと強く感じている要素、そして日本の新しい学習指導要領とも密接に関係する「思考力」「コミュニケーション能力」「自己表現力」、「長所の伸ばし方」そして強い心を育てる「回復力」について、誰もが日々の暮らしの中で簡単に実践できることを具体的にご紹介したいと思います。

今、世界には、自国だけでは解決できない、多くの国々と連携しながら取り組むべき課題が山積しています。新しい学習指導要領は、こうした答えのない、誰も経験したことのない課題に、自分の強みを活かしつつ、多様な人々と協働しながら解決していこうという認識に基づいています。

この流れを受けて、大学入試も従来型の学力一辺倒の試験ではなく、小論文や調査書、面接などの多面的総合評価への改善を目指す大学が増えています。娘が優勝した奨学金コンクールの審査基準である知力、コミュニケーション能力、特技、自己表現力、そしてSECが育む自分に対する自信、協働力、自制心、責任感、共感力は、この新しい評価軸ではないでしょうか。

国際化多様化が進む変化の激しいこれからの世界において、正解を得ることが目的だった今までとは違った学力と生きる力を育んであげることが必要です。そのためには**思考力、実行機能、クリティカルシンキング、コミュニケーション能力といった真の学力スキル、そして非認知能力を伸ばすことが効果的だと思っています**。

日本は、そして日本の教育は、大きく変わろうとしています。

過渡期の日本で子育てをしてらっしゃる皆さんが、本著を単なるボーク家の全米最優秀女子高生優勝記、アイビーリーグ合格体験記としてではなく、アカデミックに裏付けられた、ご家庭で実践可能なこれからの時代の子育て指南書としてご活用いただけたら幸いです。

OK, let's begin!

世界最高の子育て――「全米最優秀女子高生」を育てた教育法◉――目次

第1章 世界水準の「思考力」を養う
――3つの思考法で「自分で考える、自分からやる子供」を育てる

1 レスポンシブ・クラスルーム Responsive Classroom で考える力を育てる

2 実行機能 Executive Function 自分からやる子を育てる

第2章 双方向の「コミュニケーション力」を養う

——自分を表現する自信のある子供に育てる

第3章 心が折れない「回復力」をつける
――世界が英才教育よりも注目する「レジリエンス」

1 心をポジティブに保つ

第4章 その子だけの「長所」を徹底的にのばす

――「出る杭」という人間的魅力を身につける

第5章 「協働する力」こそが未来を切り開く
——未来をたくましく生きるために必須の力

第1章

世界水準の「思考力」を養う

3つの思考法で「自分で考える、自分からやる子供」を育てる

「はじめに」で、娘が通った学校では幼稚園から小学校3年生まで宿題も教科書もなかった、と言いましたが、一体それでは子供たちは教室で何をしていたのでしょうか？

ここでちょっと娘スカイの通った学校を紹介させてください。アメリカ合衆国の首都、ワシントンDCには、ニュースサイト「Business Insider」による全米私立校トップ50にランクインする学校が3校存在します。この3校とは、オバマ大統領夫妻の2人の娘、クリントン大統領夫妻の娘が通ったシドウェル・フレンズ校（Sidwell Friends）、ヨルダン国王妃やジョンソン大統領の娘、アル・ゴア副大統領の娘、ケネディ一家の娘などが通った女子校ナショナル・カテドラル校（National Cathedral）、ブッシュ大統領、ルーズベルト大統領、ケネディ大統領、ジョン・ケリー国務長官やホテル王マリオット家の息子が通った男子校セイント・アルバンズ校（St.Albans）です。

アメリカには大学の付属校は存在せず、これら3校は幼稚園から高校までの一貫校です。ナショナル・カテドラル校とセイント・アルバンズ校の生徒たちは、幼稚園から小学校3年生までを初等教育専門のボーヴォワール校（Beauvoir）という共学校で共に過ごします。

今後、社会で求められる「学力」とは

私と夫がナショナル・カテドラル校に続くボーヴォワール校への入学を決めたのは、「はじめに」で述べたように「レスポンシブ・クラスルーム」という学力と非認知能力を一緒に伸ばし、子供の能力を最大に引き出すという教育法のためでした。そしてもう一つ、この学校は私がそれまで「学力」だと思っていたものとは違った学力にフォーカスしていたからです。

私は娘の幼稚園を探すときに7校見学しましたが、ボーヴォワール校で学ぶ子供たちの「自分で考える力」に強い印象を受けました。そして私は娘にも**「算数もいいけど、この子たちのように自分で考える力をつけて欲しい」と願ったのです**。

ボーヴォワール校の子供たちの「考える力」は、情報を的確に判断し、知識を結集させて問題解決を図り、臨機応変に対応しつつ、効果的なコミュニケーション力と、協働力、主体性を持ってやり抜くことが要求される「学力」です。これは奨学金コンクールの審査で求められ、偶然にも2020年度から改定される日本の教育が目指すものでもあります。その新たな指導要領には、これから具体的に**身につけるべき「学力の3要**

素」として、「知識・技能」「思考力・判断力・表現力」「主体性を持って多様な人々と協働して学ぶ態度」が掲げられています。従来の学力とは定義の異なる新たな「学力」が、これからは日本でも求められていきます。

考える力を養う3つの思考法

例えば教科書にない問題に直面したとき、子供はどうするのでしょうか？　変化の激しい今の社会は、答えのない問題で溢れています。

- 指示があるまで待つ
- どうしていいかわからなくて感情的になる
- 自力で何とかする

この3つのうち、あなたはお子さんにどれを選んで欲しいですか？　これから紹介する3つの思考法を学んだ子供は例外なく自力で解決するでしょう。それも最適の方法で。それは私がボーヴォワール校そしてナショナル・カテドラル校で毎日のように目撃したことです。

3つの思考法について具体的に述べましょう。

❶「自分で考える力」

これは文字通り自分で答えを出すべく考えることです。

❷「実行機能」

これは今アメリカの教育界で最も注目されている能力で、自分で計画し、実行し、結果を出すスキルです。ハーバード大学が「最も育てるべき能力」と言っていますが、ここを訓練すれば「自分からやる子」が育ちます。

❸「クリティカルシンキング」

これはMBAを持っている方にはお馴染みでしょうが、問題解決のために情報を集め、事実を確認し、分析し、推論を立て、反証し、自分の中にある偏見やバイアスに挑戦しながら、思い込みに惑わされることなく論理的に良い結論を導くことです。

クリティカルシンキングができると感情で結論を導かないので、的確な判断力と決断力を持った、ストレスに強い子供が育ちます。

この3つの思考法は、従来の「教えられたことを理解し、正確に素早く処理する」という点数主義メンタリティでは育ちません。国際化、多様化、人員削減、AIの台頭など変化の激しいこれからの社会には、先にも述べたように、今までとは違った学力が必要とされてきます。そのためにこの3つの思考法があるのです。

3つの思考法は家庭でも実践できる

この3つの思考力を伸ばす教育を4歳から始め、高校卒業時にはアイビーリーグや他の全米トップ20の大学に合格し、その後も社会に役立つ責任ある一員となっていく。だからこそ、ボーヴォワール校もナショナル・カテドラル校も大変人気があるのです。

友人で音楽教師のラウラは3人のお子さんを全員ボーヴォワール校に通わせましたが、こんなことを言っていました。「私の生まれた国から素晴らしい仕事のオファーを受けたけど、未だに点数主義で暗記が中心の教育だから断った」と。「私は南米で生まれ、アメリカに来て、ナショナル・カテドラル校で**自分の意見を持ち、自分がどう思うか、自分だったらどうするかを考える教育に触れ、これがとても大切だと思っているの。学校だけじゃなくて家でも実践しているわ**」と。この思考法で育った彼女の長女は今、アイビーリーグの大学で学んでいます。

ところでアメリカにも、大学受験時には選択式の共通テストがあります。ドリルに時間を取るよりも、こういう思考法にもっと時間をかけて教育された子供たちは、時間と競争の大学受験の共通テストでは不利なのでは？　と思われるかもしれません。確かにこのときばかりは、それまで塾に行ったことのない子供たちも準備のために塾通いをします。ですがそれも5、6回です。我が家の娘もそうでした。というのもこういうテストで点を取るのは技術ですから、5、6回も通えばスキルは身につきます。知識の使い方は把握しているし頭に長く残っています。ストレスには強いし、誘惑に負けず計画的に自分で勉強する力もあるから、難なく高得点を叩き出すのです。その結果は「はじめに」でお話しした通りです。

「自分で考える力」「実行機能」「クリティカルシンキング」は、ラウラが言うように学校だけでなく家庭でも十分に訓練することのできる思考法です。それも毎日の習慣に取り入れるだけでとても簡単にできます。

これからその一つひとつについて、学校や家庭でどのように鍛えていったかの具体例をご紹介したいと思います。

1 レスポンシブ・クラスルームで考える力を育てる

Responsive Classroom

教えるのではなく、自分で学ばせる

「はじめに」でお話しした通り、ボーヴォワール校は学力と非認知能力を同時に伸ばす教育法「レスポンシブ・クラスルーム」という教育法を採用していますが、その基本は「教える」ではなく「自分で学ばせる」です。だから考える力がつくのです。そして同時に考える自信も。

娘の学校では、この教育法に沿って教科書を使う代わりに授業では

- **手本を見せる**
- **体験させる**

図2 レスポンシブ・クラスルーム

●レスポンシブ・クラスルーム：4つの基本要素

レスポンシブ・クラスルームでは、その子の最大の能力を引き出すために学力と一緒に非認知能力を伸ばすことを大切にしています。そのための4つの基本要素が以下になります。

魅力ある学習内容	安心できる環境
教師のより良い授業運営	成長の観察

●レスポンシブ・クラスルーム：6の指針

子供たちが安心して自分で考え発言できるポジティブな環境で、自分で考える癖をつける魅力的な学習内容を提供します。どうやって結論にたどり着くかの過程を自分で選ばせて実行機能を育み、喧嘩や失敗があったら論理的に考えさせることでクリティカルシンキングを育てます。そして、ルールを守って最大の結果を出すために協働するよう促します。教師は観察によってその子にとって最適なチャレンジを与えることで、子供の自信と能力を育みます。この4要素に沿った6の教育指針が以下になります。

1. **一日はモーニング・ミーティングから始まる**
2. **教師の役割は「伝達」ではなく「手本」である**
3. **目標もルールも子供が決める**
4. **教師が使う言葉を選ぶ（ポジティブな言葉遣い）**
5. **叱らずに、論理的に解決する**
6. **探求学習をつうじて互いに学び合う**

●レスポンシブ・クラスルーム：特徴

6の教育指針に沿った実際のレスポンシブ・クラスルームの特徴が以下になります。

モーニング・ミーティング

大切にされていることを実感しながら一日が始まります

1. 挨拶でお互いの存在を認める
2. シェアリングで今自分が思っていることを通して対話する
3. グループアクティビティでコミュニティー感を高める
4. モーニング・メッセージで今日学ぶことを確認する

ホープス＆ドリームス

一年の初めにクラス全員で自分たちのルールを決めます

1. 今年の目標を各自決める
2. それを達成するにはクラスとしてどんなルールが必要かを全員で話し合って決める
3. コミュニティーの一員として最大の結果に到達するように全員がルールを守る

インタラクティブ・モデリング

教えず自ら学ばせる手順：

1. 何の手本を見せるか説明
2. 教師が手本を見せる
3. 子供が気づいたことを話し合う
4. 数人の子供にやってもらう
5. 再度子供たちのやり方の気づきを話し合う
6. 各自やり終えたら教師が個別に指導

・自分で発見させる

この3つを基本にしていました。

この点について勤続22年の大ベテラン、校長先生の右腕といわれ、今は心のケア専門のカウンセラーとして勤務するホリー・ジョイナー先生は次のように語ります。

「小さいうちは自分の周りから学ぶ方が効果的だからです。周りから学ぶということは、五感を刺激するという効果もあります。見て、聞いて、触れて、味わって、嗅いで。または真似したり。7、8歳にもなれば十分大きいように思えますが、まだまだこの年齢の子供なら、実際に体験してみることによって学ぶ効果の方が大きいですね」

ですから授業ではどの教科も、以下のような**インタラクティブ（双方向）・モデリング**という手法で行われます。

1 手短に何を手本に見せるか、それはなぜなのかを説明する
2 まず教師が手本を見せる
3 子供たちに気づいたことをたずねる
4 何人かの子供たちにも手本になってやってもらう

5｜今度はその子供たちを見て気づいたことをたずねる

6｜子供たち全員にやってもらい、教師はそれを見て個別に適宜指導する

結果的に、6で子供たちが出す答えが1で先生が見せた手本と同じだったとしても、子供たちはそれを自分で発見したという喜びがあります。また、もしもっと良い方法や別の方法を考えついたとしたら、それはまた別の達成感を味わえます。

こうした先生と生徒、あるいは生徒同士のインタラクティブな過程が、子供の自分で考える力を鍛えるのです。

無駄に見えてもプロセスが大切

「なんてノロノロと授業が進むのだ。教えてあげればいいじゃない。1＋1＝2にしかならないんだから。こうするんだ、でいいのに」と私も最初の頃は思ったのですが、この過程を「無駄な時間」「非合理的」として省略するのではなく重要視するのは「子供たちが学ぶ楽しさを知るためには、大人から見れば簡単なことであっても、『あなたはどう思う？　これを試してみようか。うまくいかないねぇ、じゃあどうすればいいかなぁ』というやりとりを通して時間をかけてゆっくり、じっくりと自分で学んで行くプロ

セスが欠かせないから」とジョイナー先生は言います。

ジョイナー先生が幼い頃のアメリカは、学校では先生が机の間を行き来して、生徒が静かにワークシートやドリルに取り組み、先生がチェックするという時代だったそうです。ですがジョイナー先生は、ワークシートやドリルは、学習機能の中の「インタラクティブ（双方向）」な部分を取り除いてしまい、子供から考える機会を奪ってしまうと言います。

体験させる、自分で発見させる。体で感じて自分で見つけた答えだからこそ心と頭に記憶として焼きつくのです。そして、そんな知識は使える知識として長く頭に残ります。

楽しく学んだ知識は、頭に長く残りやすいという研究結果も出ています。

家庭でも、まだ幼い子供であっても、プロセスを大切にして子供の考える力を育むことができます。では、ここで我が家で実践した方法をいくつかご紹介します。

鍵は子供に考える癖をつけることです。

今すぐ家庭でできること

子供の考える力アップ！

Yes／Noで答えられない質問を習慣にして考える癖をつける

Yes／Noで答えられる質問では子供は考える必要はありません。だから学校でも自宅でもYes／Noでは答えられないオープンエンドといわれる質問を基本とします。そうして子供が考える癖をつけます。

だから「××をやりなさい」と言う命令はなしです。娘の学校でも「××をやりなさい」はありませんでした。そこに生まれるのは言われたからやる、言われるまでやらないと言う指示待ちな子供だからです。

「今日はどうだった？」ではYes／Noと変わらないOKという答えでおしまいです。ですから代わりに「今日はどんなことがあったの？」と質問します。

我が家は毎晩夕食のときにこの質問をし合いました。ルールはどんなに疲れているときも、オープンエンドの質問に「わからない」はなし、ということ。夕飯の時間がオープンエンドの質問に便利なのは「逃げられない」からです。食べ終わるまでは食卓についていないといけませんものね。

それ以外にも「どうして？」「どうやって？」「いつ？」「何のために？」などを使って質問します。

あなただったらどうする？　を口癖にする

何かをするときにいつでも「あなたならどうする？」という質問を心がけます。そうすると子供は「自分ならどうするか？」と自問する癖がつきます。それは確かな考える力に成長します。

一方的に「こうしなさい」「それはダメ」「これが一番いい」などと言ってしまうと、子供は「大人の言うことは絶対だ」というトップダウンの考え方に慣れてしまって、自分で考えようとしなくなります。指示に従う方が楽です。待っていればどうすればいいか教えてもらえるからです。親としても「こうするの」と教えた方が楽ですが、子供の考える力を育てるには「あなたならどうする？」と子供の意見を聞くことを習慣にします。

そのためには、一緒に何かをやる機会を増やしてみましょう。特別なことではなく、日常のちょっとしたことでいいのです。

例えば、私が「卵を割って」とお手伝いを頼んだときのことです。娘が卵を叩きつけたら「ベチャ」と潰れてしまいました。そこで私は教えるのではなく「あら、潰れちゃったね。どうすればきちんと割れると思う?」と自分で考えるように言いました。それからちょっと柔らかく叩いてみたり卵と卵をぶつけたりしたのですが、なかなかうまくいきません。そこで「ちょっと見てて」と言って卵をシンクの角にぶつけて綺麗に割って見せました。「ママはこうしてみたけど、スカイならどうする?」。そしてスカイは角を使うと割れた卵に殻が入らないと気づきます。それで「シンクは綺麗じゃないから」と言ってお皿の縁でトントンと卵を割ったのです。確かにシンクよりもいいですよね。

それよりも何よりも自分で方法を見つけたことが嬉しかったようです。

なんてことないようですが楽しみながら学ぶ。楽しければ失敗も苦になりません。大切なことです。自分ならどうするか、に加えて、答えを見つけたことで自信もつきます。

卵は所々に殻の入ったワンパック分の巨大なオムレツになりましたが(笑)。

子供の能力を信頼し、子供に考える自信をつけさせる

ママ友で経営コンサルタントのジェニファーは、3歳の息子と遊ぶ時間について、こう語ります。

「一緒に遊んでいて、息子がうまくできないことに遭遇したときは、助けを求めてくるまで手伝わずにじっと見守るの。代わりにやってあげることは簡単だし、親としては直感的に助けてあげたくなるんだけれど、そこを我慢して待つの。子供って親が思っている以上にずっと能力があると思う。幼いというだけで子供の能力を過小評価しすぎていると思うわ」

子供には私たちが思っているよりも能力があります。だから「答えを教えてあげないと」と思わないことです。子供は小さいから何となく守ってあげたくなりますが、これでは考える力は育ちません。人生経験が子供より多いぶん、大人は子供より自分の方が良い答えを持っていると思いがちですが、親が結論を言ってしまえば、子供が自分で答えに到達する貴重な学びの機会を奪ってしまうことになります。子供が自分で考えて答えを出すまでじっと待ちましょう。

忙しいときなど思わずやってしまいたくなりますが、グッと我慢です。

どうしても助けが必要で助けを求めてきたときは教えるのではなく、手本を見せましょう。そして子供に観察させて、どんな気づきがあったか話し、そして今度は自分でやってみるように言います。

そんなときに**大切なのは親の言葉遣いです**。**「その問題を解くために、たくさんのい**

ろいろなアイデアを試しているね」「粘り強いよ」「頑張ってるね」と、温かい声で言葉をかけると、子供は自信を感じるようになります。子供たちが自分の力を信じるようになれば、もっと一生懸命頑張ろうと、その努力の過程さえ楽しめるようになります。

家庭での親の温かい言葉は、子供が自分で考える力をつけるための試行錯誤を乗り越える強い自信を育む中心的な役割を果たします。

「意見を持たない大人」となり、子供の良い聞き役に徹する

お子さんに「話を聞いてない！」と言われたことはありませんか？

「聞く」という作業は本当に難しいです。というのも、どうしても自分の価値観というフィルターを通して聞いてしまうからです。例えば、娘がこの奨学金コンクールに応募しようかと思うと言ったときに、私は真っ先に「やめたら。今でも十分忙しいのに、わざわざやることを増やさなくてもいいじゃない」と言ってしまいました。これではまさに「やめなさい」という命令です。考える力に逆行していますよね。

それからは我が家の「子供の話を聞くルール」を思い出して、娘の話に耳を傾けたのでした。ボーヴォワール校でも先生方は、「それが仕事」というくらい熱心に子供の話

に耳を傾けていました。

「意見を持たない大人」が良い聞き役、これが我が家の「子供の話を聞く」ルールです。

- 自分の中で結論を出してしまうのではなく、最後まで意見を持たずに聞く
- 早く話しなさい、と急かさない
- 自分の価値観を植えつけて、子供が親の求める結論に達するように誘導しない
- 親が口を開くのは、どうしたい？　どうすればいいと思う？　それをしたらどうなると思う？　もっとよくするためにはどうすればいい？　どうしてそうしたいの？　というオープンエンドの質問をするときのみ
- 子供の考えに批判的なことは言わない
- 聞き役の最後は「話してくれてありがとう」と、打ち明けてくれたことに感謝して結ぶ。迷いや問題を打ち明けるのは勇気がいるから、子供が親を信じて心を開いてくれたことに感謝することが大切です。娘の学校でもここを徹底していました

経験を増やし子供の知識ベースを広げる

ある一定の知識がなければ好奇心は生まれない、と言います。好奇心がなければ自分で考えようという姿勢は身につきませんから、ある程度知識のベースを広げることは大切です。そして楽しく学んだことは、長く頭に知識として残るという研究結果が出ています。学ぶことの楽しさを教えたいと言うジョイナー先生は、考える力を育てるには実際に自分で体験してみることが大切だと言います。だから娘の学校にはいろんな人が話しに来たり、実地体験としてフィールドトリップ（遠足）もたくさんありました。我が家でも娘が楽しく知識を蓄積できるように、いろんなことを経験できる機会を取り入れました。

このときどこに行くかを決めるのは、娘の興味を優先しました。ワシントンＤＣの美術館や博物館には基本的に無料で、あらゆる子供向けのワークショップやセミナーがあります。そういったものにはよく参加したし、また講演会もよく連れて行きました。私は仕事柄いろんな職業の人に会うことが多いので、時には、娘を連れて行って全く違った世界を見せたりもしたのです。

夫の担当は作業系でした。手を使ってすること、例えば庭に花を植えたり、車を洗ったり、壊れたトイレを直したり。よくスカイと一緒にやっていました。それからスポーツも。その際に、そのスポーツの歴史やルールなども一緒に学んでいたようです。

家庭でできることって本当にたくさんあります。

ママ友のジェニファーは、息子の世界を広げるための機会として「旅行」を挙げました。

「夏休みにイタリアに行ったと友人に話したら、『そんな小さな子供を海外に連れて行っても何も覚えていないからもったいない』と言われたけど（笑）、私はそうではないと思っているわ。イタリアで息子は『この人たちは英語を話さない』という経験をしたの。そこから世界には様々な言葉を話す人がいる、という会話が生まれたわ。こうしていろんなことをそのときに感じ取ってくれたらと思うし、そのために旅行はとてもいい機会だと思う」

私も毎年、夏休みになると、両親がいる日本の実家に娘を連れて帰省しました。靴を履いたまま家に上がってみんなで大笑いしたり、反対に日本の子供たちに「アメリカでは靴を脱がないの？」と聞かれたり。旅からは学ぶことが多く、経験を通していろんな知識が身につきます。そして、それは子供の考える力を育むのです。

2 実行機能 Executive Function
自分からやる子を育てる

実行機能とは

ハーバード大学子供発達センター（Center of the Developing Child, Harvard University）は「子供の実行機能と自制心を育むのは社会の一番大切な責任である」と言っています。

ここでは実行機能を「衝動を制御し、計画を立て、集中し、指示を記憶し、複数の業務を操作しうる能力」であり、「混雑した空港で複数の滑走路に多くの飛行機が発着する『航空管制システム』のようなもの」としています。また、オーケストラの指揮者のように、ピアノ、弦楽器、管楽器、打楽器などいろんなところで入ってくるいろんな楽器を指揮して、一つの曲を作り上げる力です。だから自分からやる子を育てたければ、この実行機能（Executive Function）を訓練することが必須です。娘の通った学校でも、プロジェクトベースで徹底的に子供たちの実行機能を鍛えていました。

日本では、脳科学の専門領域外ではあまり知られていませんが、アメリカでは教育において非常に重要なキーワードとなっています。

実行機能は生まれつきの能力ではない

私は脳科学者ではありませんが、ここでちょっと実行機能と脳についてご説明させてください。実行機能は、主に脳の３つの機能に依存しています。

❶ **作業記憶：短期間に脳内に情報を記憶し、必要に応じて適切な情報を活性化させる**
❷ **認知的柔軟性：状況に応じて、使い分けや他の方法を探す**
❸ **自己制御：優先順位をつけ、衝動的な要求や行動を抑える**

これら3つの機能は相互に関連しあっています。ですが実行機能は、あくまでも脳内に潜在的に存在するだけで、人間が持って生まれた能力ではありません。だからこの3つがスムーズに連動するように鍛えなければなりません。特に幼少期から思春期にかけて訓練すれば、どんどん伸びる機能です。生まれ持った能力ではないので鍛えた子と鍛えていない子では大きな差が出ます。放っておいても、いつか一人でできるようになるだろう、という機能ではないのです。

生涯にわたり大きな影響を与えるといわれるこの重要な機能を、子供を取り巻く環境の中でしっかりと育むことが、社会の最も重要な責任だとアメリカでは考えられています。

実行機能の育て方

では、実行機能を育てるためには、一体どのようなことが必要なのでしょうか。それはこの3つの機能に注目し、大人が枠組みを作ってやることです。ここでも大人の「インターベンション＝介入」は必須です。例えば、一つひとつの作業の理由を教え、作業を順番にやることによって結果に到達する流れを見せることで、実行機能を最大限に伸ばすことができます。

この枠組みづくりは「足場」と捉えると理解しやすくなります。**実行機能は、最初は大人が「足場」を作ることによって育成しますが、建物が無事に完成に近づくにつれ（つまり子供の成長とともに）、「足場」は不要となるということです。**この足場がなければ建物は建ちません。

例えば①の作業記憶の発達は、1歳に満たない赤ちゃんの場合は、布の下に隠れたおもちゃを認識し、布を取り除いておもちゃをつかめるといったレベルからスタートします。

②の認知的柔軟性は、手が届かないところにあるものを工夫して取ろうとすること（ガラスの向こうのおもちゃなど）、③の自己制御は、触ってはいけないものには触らないといった、大人から見れば何でもないようなシンプルな動作から始まり、幼少期、思春期と、段階を踏んで発達していきます。

ボーヴォワール校での「プロジェクト・アプローチ」という授業の手法に、この足場づくりが垣間見えます。

これは、子供のもっと知りたいという興味に合わせてトピックを決め、先生に教えてもらったり教科書を読むのではなく、ファーストソース＝実際それに従事している人から情報を集めることによって、子供が自ら学ぶというプロジェクト形式の授業手法です。

まずは子供が自分の興味のあることを見つけます。もしペットというトピックが決まったとしたら、その子がペットについて知りたいことはどんなことかを話し合います。そして知りたいことが決まれば、どうやってそれを知ることができるかを考えます。そして獣医に来てもらう、実際にペットを飼っている人に日々の世話の苦労、ペットの存在が果たす役割などについて話してもらう、ペットショップに行く、といった行動に移します。その行動を実行に移すときも子供が全部自分で決めます。そうして知りたかった答えにたどり着きます。この間には「テレビを見たい」「ペットショップに行きたくない」などの衝動も出てくるでしょう。それを自制心で抑え、プロジェクトを完成させます。

ここには**①作業記憶：短期間に脳内に情報を記憶し、必要に応じて適切な情報を活性化させる、②認知的柔軟性：状況に応じて、使い分けや他の方法を探す、③自己制御：優先順位をつけ、衝動的な要求や行動を抑えるという実行機能の全てが入っています**。

これを幼稚園からやるのです。

ここで大切なのは子供主導ということです。ですからトピックを決めるのは子供です。それは楽しくないと続かないからです。これは大人だってそうですから子供なら余計にそうです。だから実行機能を高めたければ、子供主導で好きなことを使って伸ばすようにしましょう。

我が家ではこれを応用して、いろんな方法で娘の実行機能を高めることを実践しました。

今すぐ家庭でできること

実行機能アップ!

大きなことを小さく噛み砕く

幼稚園から始めた訓練は、大きな作業を小さな作業に分解することです。大人になってからもそうですが、大きな仕事を任されたりしたときは動揺したり、どこから手をつけていいかわからなくなります。ボーヴォワール校のプロジェクト・アプローチもそうですが、まずは先生がゴールにたどり着くまでの流れを見せます。例えばトピックを決め、知りたいことを決め、どうすればわかるか、いつやるか、どうやってやるかを決め、行動し結果を出す。

この能力を身につけると、大人になって必要になる全てのことに応用できます。それは毎日のスケジュール管理から家を買うなどという一大イベントまで。**大きなことを小さく噛み砕く。これも練習次第で誰でも身につけられるスキルです。**

これを我が家では日常生活の中で実践しました。

例えばお誕生日会。計画に娘も参加させました。そして「お誕生日会をやろう」と思ってから実際に「お誕生日会を開く」までの流れを一緒に経験させます。まず日にちを決める、誰を呼ぶかを決める、どの部屋でやるかを決める、何を食べて飲むか決める、必要なお皿やコップを考える、招待状を作る、住所を集める（マリーはあそこの赤い家に住んでいるの、などという住所でしたが）、切手を貼る、投函するなど一連の行動を一緒にするのです。

そのときに覚えていなくても、何かしらは残っています。あらゆる機会に繰り返してみましょう。

もっとシンプルなのは夕飯です。まず何を作るかを決めて、スーパーに行って買い物をし、どのくらい時間がかかるかを考えていつ作るかも決めて、作って食卓に出す。そのときに、それぞれの作業の順番、どうしてその作業が必要なのかの理由を説明します。例えばジャガイモの芽を取るなど。それもインタラクティブになるように「ここには毒があるんだよ。スカイならどうする？」という感じにです。そしてこれは教えるのではなく、一緒にやるインタラクティブな作業ですから、お子さんがどんどん質問するように仕向けましょう。ここは考える力を育てるチャンスです。そして質問されたら面倒がらずに対応しましょう。小さいお子さんはママと一緒にいるのが大好きですから、これはいい実行機能の訓練となります。しかも毎日できるので、そのうちママが言わなくても次の行動がわかるようになります。

お子さんが「どうして？」を連発する時期がありますが、それほど素晴らしい考える力を育てる時期はありません。そのときに答えを教えるのではなく、「どうしてだと思う？」とまずは考える癖を植え付けましょう。

お掃除もそうです。どの順番でやるか、どの順番が一番効率がいいか、お母さんが自分の考えを説明しながらお手本を見せましょう。もしお子さんが「こっちの方がもっといいと思うよ」と言ったら、それを試してあげましょう。そんなことから子供は考える自信がつきます。

そうして小学生になったら、本格的にお子さんの実行機能のトレーニングを始めます。その頃には、手や足、体を使っていろんなことが自分でできるモーター機能が育っていますから。

子供に家族の中での役割を持たせる

実行機能を高める鍵は「慣れ」です。**自分で計画を立て、方法を考え、行動し、結果を出す。それも定期的にやって行動パターンを覚える。これにはお手伝いが最適です。**

アメリカではこれをチョア（Chore）と言っていますが、我が家はこれを実行機能を鍛えるために最大限利用しました。

このときのお手伝いは犬の散歩とかではなく、何かを作り上げたりすることを選ぶ方が、結果が目に見えるので最初の頃はより効果的です。

一緒に料理をつくる

お手伝いはその子の年齢とスキルレベルによって決めますが、我が家で最初に娘の役割となり高校卒業まで続けたのが、日曜日の朝ごはんづくりでした。娘は食べることが大好きで作るのも好き。だから何を作るか、どうやって作るかは全て娘まかせです。幼稚園の頃から訓練されていますから、小学生の頃には作業の流れは頭に入っています。私たちが決めることは予算だけ。前日に何を作るか計画して、パパと一緒にスーパーで予算内で材料を買って、日曜日は一人で起きて、作って、パパとママを起こす。最初はいちごサラダ（洗ったレタスとヘタを取ったいちごだけ）だったのが、高校生になったらパンケーキとベーコンになりました。

この中では野菜や果物は洗う、ヘタは食べられないという知っている情報がちゃんと処理されています。そして幼い頃は火は使えないから、火がなくてもできるものは何かと考えます。そして必要なものをいつ買って何時から始めるかを計画し、効率よく実行し、結果を出す。シンプルなことですが実行機能の全てが入っています。そしてこれを毎週繰り返すことによって行動の流れが自然と身につき、主体性、高い実行機能が育つのです。

ここで大切なのは、100％の達成感を抱かせるということです。そんな達成感があるからまたやろうと思うのです。そのためには手伝わない、プロセスと結果にあれこれ言わない、見張らない。子供を信じて起こされるまで寝ていましょう。

ご褒美は逆効果

我が家では娘が何かできたから、手伝ってくれたからといって物質的、金銭的なご褒美は与えませんでした。それではご褒美がやる目的となってしまいます。またお手伝いは家族の一員としての役割という位置付けでした。

ご褒美は100%の達成感とたくさんの褒める言葉です。そうして得られる自分への自信は、何物にも勝る最高のプレゼントなのですから。

自分の行動をモニターする

娘が通った高校では、生徒一人ひとりの時間割が印刷された縦に時間軸のあるスケジュール帳が渡されます。これはTo Do=やらないといけないことが目に見えて実行機能が高まりますから、我が家では似たようなものを買ってきて中学生から前倒しで始めました。

用意するものは昔ながらの手帳、スケジュール帳です。今はスマートフォンで管理する人が増えていますが、私は手書きの「自分で書いた」感が責任感と自制心を高めると思うので、あえて昔ながらのスケジュール帳を使っています。そこに毎日の授業から宿題、レッスンなどのやることを記入します。そして、そこに一番効率よくやれるように順番をつけていきます。この際、学校の勉強やレッスンなどとは全く関係ない遊びの時間を時間軸の枠の最後、寝る前に書き入れることも忘れてはなりません。実は一番大切な時間ですから。そして、できたらチェックマークをつけていきます。やることが全部できたらその日の実行機能は十分に果たせたということです。そしてこれを毎日実行します。

自分で決めて、自分で計画して、自分で行動して、結果を出す。このシンプルな一連の流れが毎日身についていきます。

ですが、生活には誘惑が多いもの。宿題の代わりにスマホを見たい、舞台が近いのにレッスンに行きたくない、明日はテストだけどサボりたい、そんな感情は毎日のように襲ってくるでしょう。そこで誘惑に負けてしまうと実行機能は働きません。その誘惑をはねのけるのが我慢する力、自制心です。実行機能と自制心はハンドインハンドでつながっています。

実行機能を最大に伸ばす非認知能力：自制心

自制心と実行機能と人生の成功の関連性を示す面白い研究結果がありますので、まずはそれをご紹介します。

コロンビア大学の心理学者であるミシェル教授による**「マシュマロ実験」は、子供の自制心を測る有名な実験です。**

彼女が当時勤務していたスタンフォード大学内の保育園で、186人の4歳児にマシュマロを1つ差し出し「いつ食べてもいいけれど、大人が部屋に戻ってくるまで我慢できればマシュマロを2つ食べてもいい」と伝えました。大人はそのまま部屋を出て、15分後にまた戻ってきました（子供には何分後に戻るかは伝えていません）。この結果、186人のうち、約3分の1は15分間我慢して2つのマシュマロを手に入れることができましたが、約3分の2は我慢できずに目の前のマシュマロを食べてしまいました。

この実験で自制心があった約3分の1の子供たちを追跡調査したところ、大学入試適性試験（SAT）の点数が高いなど学業面で顕著に優秀であったほか、中年になったときの肥満指数が低いなど自身の健康管理にも長けるという結果が得られたといいます。

自制心を鍛え、実行機能を高めることは、人生を成功に導く上で重要だということが、学術的にも示されています。

では具体的にどうやったら自制心を鍛えることができるのでしょうか？　学校や我が

家で実践した方法をご紹介します。

今すぐ家庭でできること

自制心アップ!

十分な睡眠を取る

こんな簡単なことで自制心を高めることができるのです。

十分な睡眠がなければ自制心が機能しないという研究結果があらゆるところで出ていますが、クレムソン大学が行った睡眠と自制心の関連を問う研究では睡眠不足は衝動的行動に出たり、注意散漫になる危険性が非常に高いとしています。だから自制心を鍛えたかったらまずはお子さんが十分な睡眠を取ることを心がけてみましょう。

娘の学校では「睡眠優先」。だからいろんなことが重なって大変なときは宿題より睡眠を優先させてくださいと言っていました。私は「勉強する暇があったら寝なさい」と言ったくらい娘の睡眠時間には注意していて、平日はできるだけ8時間睡眠を守るように言っていました。私が「しなさい」と徹底して言ったのは、後にも先にもこれくらいでしょうか。

日本人の平均睡眠時間は世界に比べて非常に少ないといいます。平均6・5時間という調査結果もあるほどです。親がずっと起きているとお子さんも宵っ張りになってしまうかもしれません。週に1回くらいは、家族全員が早く寝る日を決めるのもいいかもしれませんね。

実際我が家では毎週日曜日が「早く寝る日」でした。全員10時には寝ていました。

理由つきの「ちょっと待ってね」

私は娘の自制心を育むため、「ちょっと待ってね」を習慣にしました。そのときに「ちょっと待ってね」という言葉と一緒に「なぜ今、私が手を離せないか」——お皿を洗っているから、仕事を終わらせなくてはいけないから、など必ず彼女が待たなければならない「理由」を伝えました。ここで理由をつけるのは「ママにも事情がある」ということをわからせ、相手の立場を思いやる心を育てるためでもあります。また「なぜ」が加わることで子供はどうして待つ必要があるのかを考えます。

その代わり、子供が「ちょっと待った」後は、親も必ず約束を守らなければなりません。約束を守らなければ「待っても損」という思いが心に植え付けられ、待てない子供が育ってしまいます。

子供がちょっと待ってくれた後は、「助かったわ」と子供の協力に感謝することも忘れないこと。待てた、ということは子供の心にポジティブな達成感として記憶されます。「我慢することが良い結果をもたらす」そんなポジティブ感は自制心を強化します。これはマシュマロ実験の応用ですが、実践しているママ友が多いのです。

ですが子供が幼い頃は、待てずに駄々をこねることもあるでしょう。その場合、親は約束を果たす必要はありません。ゴネても欲しいものは手に入らないという、自分の行動への責任を学ばせるためです。マシュマロ実験でも我慢しきれずに食べてしまった子には2個目のマシュマロはあげていません。

安心感で自制心を育てる

実行機能の練習で使うスケジュール帳ですが、「やりたいこと」も時間枠の最後、寝る前に書きました。それはやることを全部効率よくやれば「やりたいこと」をやる時間も十分取れるということを知るためです。**「やりたいこと」をやる時間は「やらないといけない」ことを全部やった後でもちゃんと取れるということを確認し、それによって得られる安心感で自制心を鍛えます**。やりたいことをやるのは一日の最後ですから、効率よくやればやるほど、その時間は増えます。

結果をイメージして自制心を強化する

実は、これは知り合いでダイエットのコーチをしている人から聞いた話を応用したものです。ダイエットの成功の鍵は自制心。食べたいものを食べすぎず、時には我慢して、やりたくないときでも運動する。まさしく自制心ですよね。ダイエットに成功したときの自分をしっかりと思い描き、どんな気分になるかを想像する。それが鮮明に思い描ける人ほど、ダイエットに成功しやすいそうです。

だから私も娘が疲れているようなときや元気のないときは「それができたらどんな気分になる？」と聞いていました。ここでも**オープンエンドな質問が重要です**。「頑張って」という励ましの言葉よりも、こういったときにオープンエンドの質問が効果的なのは、人は話すことで自分の気持ちを確認していくからです。

お金の自制心を鍛える

もう一つ我が家で試して効果のあったのが、お金に対する自制心を鍛えることです。お金がなければ生活していけません。そしてお金には限りがあります。これこそ自制心を発揮させないと大人になって自活し始めたら大変なことになります。それで我が家は、娘が小学生のときに銀行口座を開きました。そこにおじいちゃんとおばあちゃんからもらったお小遣いを貯金し、高校生になったらアルバイトで貯めたお金も入れたりしていました。

自分のお金ですから高校生からは自分で管理させていますが、小さい頃も特に口出しはしませんでした。というのも実は、「使ったらなくなっちゃって、欲しいものが買えなくなった」ということを経験させたかったからです。そしてお金には限りがあるということを学んで欲しかったからです。

お金に限りがあると学んでからは、買うときは、貯金額の1割を超えないこと、1回目は見るだけ、それでも欲しかったら2回目に一番良い方法を考えて買う、ということをルールにしました。

3 クリティカルシンキング Critical Thinking
高い問題解決能力を持つ子になる

クリティカルシンキングとは

これはビジネスではよく使われる用語でもあります。日本語に直訳すると批判的思考力となりますが、実際には批判的というよりは、問題に論理的に答えを出す能力のことです。

クリティカルシンキングができる人は以下の特徴があると言われます。

- 自分の意見が正しいことよりも最良の結論にたどり着くことの方が大切
- 思考を飛ばして結論に飛びつき断定することがない

- 情報を鵜呑みにしない
- 感情に惑わされて優柔不断にならない
- 他の意見に耳を貸す柔軟性がある
- 自分に対しても正直になれるから、自分が間違っていたときその間違いを正せる
- 感情に走らないから、どんなときも落ち着きを保つことができる

クリティカルシンキングは、答えのない問題に自ら最良の答えを見つけるのに必須の思考法です。クリティカルシンキングができる子供とできない子供では、問題解決能力に大きな差が出るでしょう。

クリティカルシンキングで育つストレス耐性

ですが子供にとってクリティカルシンキングができることの一番の利点は、感情で答えを出さなくなる、ということだと思います。

例えばサッカーの試合に負けたとします。「自分が下手だから負けた」。これは負けたということに対する感情的リアクションです。これが結論になってしまうと、この子は落ち込んでしまうでしょう。一方、論理的に考えられる子供は、相手チームの状況とい

う情報を考慮に入れ、また当日の自分のコンディションなども考えながら、一つひとつ検証することによって結論を出していきます。そうなると「下手だから」とは違った結果が出てくるでしょう。例えば「今日は相手チームがゴールキーパーにエースを投入してきた」。感情抜きに考えれば、自分の力不足も「下手」ではなく「どうやったらより良くなれるか」という結果に落ち着きます。これがストレス耐性のある考え方です。

点数主義では育たない

では、このクリティカルシンキングの力を養うために、学校、あるいは家庭では具体的にどのような教育が行われているのかをご紹介しましょう。

中学、高校生くらいになると、アメリカのエリート校では、教科書に書かれていることや新聞の記事について「本当にその解釈でよいのか」「他の捉え方はないのか」と議論を戦わせます。先生を相手に真っ向から反対してもＯＫです。

例えば、歴史の授業ですが、これも年号を覚えるのではなくクリティカルシンキングで授業は進みます。娘が通ったナショナル・カテドラル校の歴史の授業では、生徒たちは情報を鵜呑みにしない読解力（Critical Reading）、一次資料（Primary Source）の分析力、分析力のある文章を書く力、生徒によるディスカッション、グループ作業を通して1607年から現在までのアメリカの歴史を学びます。また、そのような授業の進め方は宿題にも表れます。娘の宿題には最高裁判決を読んで自分の立場を明確にし、自分の立場をサポートする情報を集め、情報が正確であるか、そして出てくるであろう反対意見を予想し、それにどのように反論するかを準備し、次の日の授業で自分の立場を主張するというものもありました。歴史のテストも同様にエッセイベースの論述形式で行われます。歴史は単に事実を学び、そして年号を覚えるだけではないのです。

一方で、日本の学校の定期試験や入試で問われることは、今もなお多くが「書かれていることを疑いもなくそのまま理解する」ことができているかどうかです。日本の塾のようなものがアメリカでは存在しないのですが、英語ではクラム・スクール（Cram School）といいます。クラムとは詰め込む、という意味です。ベーシックな知識を頭に詰め込むことにはもちろん利点もあります。物事を考える上で、豊富な知識は判断の支えになるからです。しかし、ただ覚えるだけでは全く受け身の力しかつきません。生きていれば毎日、想定外の様々な問題が勃発するもの。そんなときに受け身だけの力では助けが来るのをいつまでも待つだけです。けれど、クリティカルシンキングのスキルがあれば、ここで問題を解決する最良の方法はどの方法かを考え、選ぶことができるはずです。そうして判断力と決断力、柔軟性を身につけていきます。

今すぐ家庭でできること

クリティカルシンキング力アップ！

Pros & Cons表でクリティカルシンキングを育てる

クリティカルシンキングの基礎を育てるために我が家では Pros & Cons を娘が小学校のときから始めました。**Pros（良い点）& Cons（悪い点）とは賛否両論表のようなものです。シンプルな問題解決の方法としてよく用いられます。**

これは一つの事案に対して良い点と悪い点を挙げていき、感情に流されずに論理的な結論を出す練習です。これは非常にシンプルですがどんどん複雑になっていくクリティカルシンキングのベースとなる自問する力、鵜呑みにしない力、思い込みで決めない力などをつけます。娘が第一志望校をコロンビア大学に決めたときもこの Pros & Cons をしていました。

図3 | Pros & Cons 表の例

●Pros（良い点）& Cons（悪い点）表

1. 迷っていること、問題を明確に1行で書き出します。
2. 自分なりの解決法を1つから最大3つまで考えます。
3. それぞれの解決法についてPros & Consを書き出します。
4. その結果から判断し、自分にとって最適な答えを導き出します。

◉問題：

考えられる問題解決法：

1	2	3

◉3つの解決法の分析

1 Pros	1 Cons	2 Pros	2 Cons	3 Pros	3 Cons

◉判断と決断

3つの解決法を分析してみて気づいたことを書き出します

1	2	3

自分が選ぶ解決法を1つ書いてください

◉もう1つの目

自分の論理的思考のプロセスとその結果を大人に相談してみましょう。人はそれぞれですから何か自分と違った意見が出てくると思います。それは自分の判断と決断をより最適にする助けとなります。再検証の結果、自分が最適だと思う解決法を書きましょう。

傷つきにくい心を育てる

クリティカルシンキングの第一歩の「本当にそうか?」と自問する力を習慣にすると、何か言われたとき、何かあったときに、真っ先に自分を責めるのではなく、まずは状況を把握する冷静さが育ちます。

娘は小さい頃からバレエをやってきましたが、ここは非常に主観的で競争の激しい世界です。また、努力ではどうにもならない肉体的な部分をいろいろと言われる理不尽さも多々あります。ですから我が家では、この世界で娘が感情的に答えを出し、ストレスを溜めないよう、クリティカルシンキングを使いました。

図表5にあるように、誰に、何を、どこで、いつ、なぜ、どんなふうに言われたのかに答えていきます。これは感情的に結論に飛びつかない訓練です。この作業には時間がかかるので、感情を忘れるというクッションの役割にもなります。そうして冷静さを取り戻します。

教わるのではなく自分で学ぶことで考える力を鍛え、主体性を持って計画を立て、実

図4　自問のリスト

●クリティカルシンキングで自問する力を伸ばす

嫌なことを言われると、真っ先にとても不愉快な気分になります。そして自分がダメだからそんなことを言われるのだと自分に非があるように感じてしまうことが多々あります。しかも、そんな気持ちは心に長く残りがちです。こういう感情的結論の出し方は子供の中にストレスの溜まる原因となってしまいます。
我が家では嫌なことを言われたときは5W1Hを基本にオープンエンドで自問し、言われたことを鵜呑みにするのではなく、まずは疑うこと。その癖をつけました。
ここではわかりやすいように私のギャラリーの例を挙げます。

◉最初に聞く質問：

どんなふうに感じたか？　「私ってそんなにダメそうに見えるのかな」
→まずは生理的ともいえる自分のリアクションを認めてあげましょう。
次に論理的に自問します。

何と言われたのか？　「重子は絶対に失敗する」
→まずは言われたことを明確に思い出します。

誰に言われたのか？　「他の業界人」
→あなたをよく知っている人ですか？　言ったことの内容についてよく知っている人ですか？

どこで言われたのか？　「ある展覧会のオープニングパーティーで」
大勢の前でみんなに聞こえるように？　それともヒソヒソ？

いつ言われたのか？　「私がその人と話し終わって背を向けた時、隣の人に言っていた。ギャラリーを始めた直後」

どんなふうに言われたのか？　「失敗するのにやるなんてかわいそう、という感じ」
→その人の言い方は好意的でしたか？　悪意を感じましたか？　同情的でしたか？　それとも特に興味もなく何となく言っているようでしたか？

◉最後に聞く質問：

言われたことに関して客観的要素はあったか？
確かに資金、人脈、経験ゼロで誰も相手にしないアジアの現代アートをやろうというのだから、成功率が低いアート業界では言いたくなる人がいても仕方ない。

自分はどんなふうに感じたいか？
私がダメだからじゃなくて、彼らの経験から彼らは自分の意見を言っているだけ。私への評価ではない。

もし言われたことに客観的事実がなかったとします。そしてクリティカルシンキングで「意地悪された」などの答えが出たときは第3章のレジリエンス（回復力）の章を参考にしてください。

行し、結果を出し、的確な判断と決断力がありストレスに強い。この3つの思考法は、お子さんの能力を最大に引き出す思考法だと思いませんか？

次の章からは、もう一つの大切な力「コミュニケーション力」と、こうした力を最大に引き出す非認知能力について、その伸ばし方など具体例とともにご紹介します。

第2章

双方向の「コミュニケーション力」を養う

自分を表現する自信のある子供に育てる

今ほど自己表現力を問われている時代はないかもしれません。国際化、多様化の進む社会では自分の意見を持ち、それを効果的に表現する力が問われます。また考えの違う人と建設的に意見交換する力も必要で、リーダーには人前で自分の意見を説得力を持って話す能力も問われます。世界のトップリーダーたちは、皆さん本当に素晴らしいパブリックスピーカーでもあるのです。これらを総合してコミュニケーション能力といいますが、コミュニケーションの基本は双方向です。一見、発表の場に思えるパブリックスピーキング（プレゼン）も相手の心を掴み、共感を生まなければ良いプレゼンとはいえませんから、これも実は双方向なのです。「こうしなさい」「やりなさい」など一見コミュニケーションと思える一方通行のこれらは、コミュニケーションではなくただの指示、命令です。

第1章で見てきたような思考法の後はその考えを相手に効果的に伝えるプレゼン力、そしてコミュニケーションの基本、意見のキャッチボールである対話力を育む必要があります。

「プレゼン力に自信がない」日本のビジネスパーソンは75％超

ヤフーと市場調査会社インテージが共同で運営する「Ｙａｈｏｏ！　リサーチ」で、２００６年12月に20代～30代のビジネスパーソン４００人を対象に実施（有効回答数は４１８人で男性77％　女性23・６％、20代36・４％、30代63・６％）したアンケート調査によると、「自分のプレゼンに自信はあるか」との問いに、約半数の49％が「苦手だ」、26・７％が「とても苦手だ」と回答しました。自信があると答えた人は４分の１に満たない数でした。プレゼンスキルについては約７割の人が「教わったことがない。我流でやっている」と回答。空気を読む、顔色をうかがう、同調する、根回しをする……そんな文化が根強い日本社会では、自己表現力がほとんど必要とされず、教わる機会も実践する機会もないまま暮らしてきたものの、グローバル化が進む中でそうはいっていられなくなっている。少なくとも子供の将来には必要不可欠ではないか。今、そんな危機感を覚えている人も多いのではないでしょうか。

アメリカで学んだ「対話」のルール

アメリカは世界中から海を渡ってきた人々によって成立した多様性溢れる国家です。

だから些細なことでも、お互い元々は異質であることが大前提。口に出して表現しないと相手には何も伝わらない、という共通認識の下、様々なバックグラウンドを持つ者同士が意見を交換しながら、共生してきました。だからアメリカでは「空気を読む」とは真逆の、意見を交換し合うことが「対話」のルールなのです。

娘の学校でも、幼稚園の頃から会話はキャッチボールでした。先生の指示通りに動きなさいとか、先生の話を黙って聞きなさいなどといった「一方通行のコミュニケーションライン」は存在しませんでした。先生は「あなたはどう思う?」と生徒の意見を尋ねます。そして先生も「私はこう思う」と自分の意見を言うのです。そして、その意見の違いからまたは類似性から対話が続いていくのです。

アメリカの教育はどのように自己表現力を鍛えるのか

アメリカではこうして、家庭でも学校でも、幼いときから自分の意見を持ち表現する大切さを教え、自らを表現するプレゼン力、対話力を育みます。

こうした背景から、アメリカのエリート校では、講義のような知識の伝達という一方通行の教育は重視されません。常に授業は双方向。発表したり、それに対して質問や反論を交えたりしながらディスカッションを通して学んでいく。暗記でいいんじゃないの？ と思えるような歴史の授業ですら、ディスカッションで進みます。それによって**自分の意見を伝える力、相手の意見を聞きそれに応える対話力を効果的に鍛えていきます**。

では具体的に学校ではどのように、プレゼン力、対話力を鍛えていくのでしょうか。

1 プレゼン（パブリックスピーキング）力を鍛える

伝える力は訓練で上達する

まずは伝える力。私は日本でこの教育を受けた記憶がありません。夫や娘が人前で上手にスピーチをするのを見ては、「アメリカ人は日本人とは違い、こうした能力を備えて生まれてきたのだ」とスピーチに慣れていない自分を慰めていた私でしたが、「パブリックスピーキングセミナー」に参加する機会に恵まれて以来、その考えを改めました。伝える力は訓練すれば誰だって上達するものであり、アメリカ人が上手な理由は、小さい頃から訓練されているからだと。アメリカの学校では、エリート校に限らず、幼稚園のころから子供が人前に立ってスピーチをするのが慣例です。

１９９０年に行われたスタンフォード大学での研究調査によると、自分が知っていることが相手に正しく伝わる確率はたった２・５％だそうです。ここからわかることは、人間同士、言いたいことを伝え合うのは本来とても難しいということ。つまり、**伝える力は「能力」ではなく「技術」であり、訓練すれば上達するということです**。たとえ大人になってからでも伝える力は鍛えられる。私自身、セミナーの前と後では雲泥の差を実感しました。プレゼン力は、スポーツや楽器と同じだと考えればいいのではないでしょうか。

幼稚園からプレゼンの訓練：〝ショー&テル〟

娘は、幼稚園の頃から伝える力の訓練をしていました。順番に**「ショー&テル（Show & Tell）」というプレゼンテーションをするのですが、これは子供たちが自分のお気に入りのものを持参し、それについて説明するというシンプルなものです。**「ショー&テル」は、全米の初等教育の現場で広く一般的に行われている授業スタイルです。娘は金魚鉢の金魚を持って行って、自分のペットというテーマで話したり、絵を描いて行って、その絵について説明したりしていました。いつも遊んでいるおもちゃや一緒に寝すぎて半分耳のちぎれたぬいぐるみを持ってくる子供もいました。

こうしたプレゼンテーションにおいて、聞いている子供たちにも役割があります。よく話を聞き、スピーカーに質問をするのがマナーです。スピーカーは、一生懸命聞いてくれる友達や先生のために、しっかり準備をし、プレゼンし、質問に答える。まさに双方向のプレゼンテーション・トレーニングがここからスタートしています。

高校生になると、自分で仮説を立て、なぜその仮説を立てたのか、なぜその仮説が正しいと思うかを説明するスタイルの授業がありますが、ここでも彼らは、プレゼンテーション・トレーニングを積むわけです。

彼らのプレゼン力は持って生まれたものというよりは、こうした幼い頃からの訓練の積み重ねによって鍛えられているのです。

第6回キャリア教育アワードを受賞し、全国各地の学校へプレゼンスキル向上の出前授業を行う一般社団法人アルバ・エデュによると、東京都豊島区の南池袋小学校で行った6回にわたる特別授業後のアンケートで、「自分に自信がある」と答えた子供の数が1・5倍になったといいます。人前できちんと自分の意見を伝えられたら、自分に対して自信がつきますよね。そして自信がつけば他にも様々なことをする自信も出てくる。まさに非認知能力を学力と一緒に伸ばすことの相乗効果を示す例です。

「日本人だから人前で話すのが苦手」という思い込みは誤りです。私も間違った思い込みをしていた一人ですが、プレゼン力の違いは、訓練したかしていないかです。幼い頃からプレゼンのノウハウを学び、場数を踏めば、誰でも上達させることのできる能力です。

今すぐ家庭でできること

プレゼン力アップ!

私自身もパブリックスピーキングセミナーに参加して以来、プレゼンの「訓練」の必要性を痛感し、家庭でも伝える力を育む工夫を重ねました。日本の学校ではまだまだプレゼンの機会が少ないですが、時代のニーズを受け、これから増えてくることでしょう。プレゼン力はちょっとした習慣を続けることで、親御さんが家庭で効果的に育ててあげられる力です。我が家で実践した具体的な習慣をここでご紹介します。

毎晩夕食時に「今日の出来事」を伝える

プレゼンテーションには、「いつ、誰が、どこで、何を、なぜ、どのように」という、いわゆる5W1Hが盛り込まれていることが望ましいといわれます。これらをシンプルにまとめ、相手に伝えるためには、「慣れる」ことが一番です。一人あたりたった1、2分、家族3人なら10分もかかりません。ささやかな取り組みですが、我が家は毎晩、夕食時には3人揃って「今日の出来事」を伝え合いました。これは一家団欒を大切にするアメリカの家庭では、自然と日常の暮らしの一部となっている光景です。

1カ月に1回、3分間のトピックゲーム

我が家では毎月、家族の誰か一人が3分間スピーチをしました。大切なことを伝えるには3分もあれば十分ですし、3分間って実は結構長いのですよね。トピックは、情報を伝えることでも、親を説得したい案件でも、ジョークでもOK。例えば私は専門の現代アートについて、夫はスポーツについて、娘はバレエや大好きな食べ物についてのトピックをよく選んでいました。まずはスピーチを図表にある方法に沿って書いて覚え、メモを見ないでも言えるようにします。長すぎたり、内容が曖昧だと、聞き手は興味を

失います。どうやったら相手が興味を持って聞いてくれるか、創意工夫を凝らす過程も訓練の一部です。面倒なようでも書くという作業が大切なのは、思考の流れが目に見えるからです。また、いらない部分を省いたりと、よりシンプルに的確に伝える能力が育ちます。

「30秒間で自己紹介」――パターンを増やす

急に自己紹介を依頼されて戸惑った経験はありませんか。自己紹介は自分をどんなふうに知ってもらいたいかを考えるので、プレゼン力を鍛える良い訓練になります。また、自己紹介する相手によって、自分の伝えたい部分が変わってくるので、どんな相手に向かって自己紹介するのかを考えながらパターンを増やしていくと、訓練に深みが増します。

ここでのコツは、単に「私はスポーツが好きです」というより、「夏休みには毎日プールに行き、朝は部活の前にテニスの素振りを欠かしません」というふうに、具体的な「行動を示す」方が印象に残ります。その姿を想像しやすい表現の方が、聞く側の脳内に動きのある映像として残るからです。心に残るプレゼンの鍵は「見える」ことです。

図５｜アメリカでよく使われる「いいスピーチの作り方」

●効果的なスピーチの基本

◉3S+P

Simple：**簡潔、明瞭**…ぼんやりした内容では人は話を聞かない
Short：**短く**…人の集中力はそれほど続かない
Show：**見せる**：言葉とボディーランゲージで見せる
Practice：**練習**…自分の体の一部になるくらいまで練習すれば自然と心から言葉が出てくる

◉Opening+SDS法（何かを説明したり紹介したりするとき）

Opening**（問題提起）**←ボーク家流。聞き手の関心を瞬時で惹きつける一言で口火を切る（質問など双方向な一言、あるいはデータなどの数字が効果的）
↓
Summary**（要点）**何について話すかの要点をここではっきりさせる
↓
Details**（詳細）**その詳細について説明する
↓
Summary**（要点）**最後の要点に結論を加える。要点を再度繰り返すことによって、紹介した内容を聞き手の心に印象付ける

◉Opening+PREP法（人を効果的に説得するとき）

Opening**（問題提起）**←ボーク家流。聞き手の関心を瞬時で惹きつける一言で口火を切る（質問など双方向な一言、あるいはデータなどの数字が効果的）
↓
Point**（結論）**何について話すかの結論をここではっきりさせる
↓
Reason**（理由）**なぜその話をするのか理由を説明する。聞き手が共感できる理由かどうかが大切
↓
Example**（事例、具体例）**問題解決のために何かがなされなければならないという意識の喚起になる具体例を挙げる
↓
Point**（結論を繰り返す）**もう一度テーマを繰り返すことで、聞き手への説得力が増す

もう一つのプレゼン力：意外と大事な第一印象

２０１５年1月27日の「フォーブス」誌に掲載されたＵＣＬＡの研究結果によれば、第一印象は最初の７秒で決まり、その後のコミュニケーションは第一印象を確かめることにあるそうです。つまり、第一印象は言葉を発する以前のコミュニケーションであり、良い第一印象は、その後のコミュニケーションをスムーズに運ぶのです。

ということは、第一印象はいい方がコミュニケーション能力も上がるということです。

ここで日本の皆さんにはグッドニュースがあります。それは世界が相手のコミュニケーション時、私たちは日本人というだけで大きなアドバンテージを持っているということ。世界中どこへ行っても、日本人が嫌いという人はほとんどいません。日本人というだけで、「親切、礼儀正しい、丁寧、勤勉、正直」など、非常に良いイメージを持たれることが圧倒的に多いです。

こうしたアドバンテージを活かしつつ、相手の目を見る、良い姿勢、強い握手、真剣に話を聞く態度、相槌など、ポジティブなボディーランゲージを習慣にすると、なお第一印象がアップするでしょう。国際化、多様化の社会でコミュニケーションを通して生きていくには、これは大きなアドバンテージです。

第一印象を上げるには93%ルールを使う

言葉で伝わるコミュニケーションはたったの7%という調査結果も出ています。それ以外の93%のコミュニケーションは、笑顔、ボディーランゲージや服装、声の強弱や調子、マナーなどであるといわれます。

第一印象の良い例は、ミッシェル・オバマ前大統領夫人かと思います。ベストスピーカーとして必ずトップ10に名前が挙がりますが、バラック・オバマが大統領選で当選したとき、彼女は瞬く間に人気者となりました。聴衆が目撃したのは、誰でも買えるアメリカ人のデザイナーが作った服を着て、大きな笑顔で元気に手を振る彼女だったからです。

その気さくな姿に「やっと私たちと同じような大統領夫人が出てきた」と、多くの女性が共感したのです。彼女の人気はそこからうなぎのぼりで、夫である大統領よりも人気があったくらいです。

私も通っているジムでミッシェルさんにお会いしたことがありますが、彼女はジムの人に迷惑がかからないようにと、お付きのシークレットサービス（総勢7人！）全員に真っ黒のスーツにサングラスではなくスポーティーな服装をさせていました。だからジムにいかついおじさんたちがいても、あまり違和感がなかったのです。そして、運動着を着ていた彼女は、第一印象そのままに気さくな方でした。私はＵＣＬＡの研究結果にあるように、このとき自分の第一印象の確認作業をしていたのです。

コミュニケーション能力を上げるには、お子さんの言葉以外のところも伸ばしてあげると効果的です。

娘が通っていたボーヴォワール校でも、まず笑顔と握手、そして大きな声での毎日の挨拶から始まりました。我が家でも人と接するときの基本的マナーと挨拶の仕方を徹底的に訓練しました。プレゼンも対話もまずは最初の7秒、そして言葉以外の93％のコミュニケーション、そこから始まるのですから。

2 対話力を鍛える

株式会社ジェーディーエスが２０１７年２月に、13歳から74歳の男女を対象に実施した「人との付き合い方に関する意識調査」によると、「同じ意見の人と話をするのが楽しい」と答えている人が75・３％もいるのに対し、「違う意見の人と話すのが楽しい」と答えた人は、たったの17・２％しかいませんでした。ですが国際化多様化の社会では、自分と意見の違う人と話すことの方がずっと多くなってきます。

ここで私が意見のキャッチボールを苦手としていた理由をいくつかお話ししたいと思います。というのも、私もかつてはその17・２％の一人ではなかったからです。

和を乱すという恐怖

私たち日本人は迎合の世界を大切にします。和を乱してはいけないと思うことってよくあります。同調が社会を回すといった考え方が一般的な環境で育った私は、結婚当初よくアメリカ人の夫から「重子とは会話が成り立たない」と言われていました。というのも私の意見に夫が反対意見や違った見方をすると、私がムッとしたからです。それは夫婦の和を乱すようじゃないですか。お互い「そうだね」でいいんじゃないかなと思っていました。それで丸く収まるものです。

ですが夫は、「僕は自分が思うことを言ったまでで、重子の言っていることや存在を否定しているんじゃない。人は自分の意見を持つのが普通で、それを口にするのも普通のこと」と言うのです。そして「いろんな考えがあるからいいんじゃないか」とも。

意見の交換は和を乱すものではなく、お互いから学ぶ機会、とアメリカでは捉えられています。そう考えると、同調で丸く収めるよりは、発展性があるなと思えるようになりました。

それに、これだけ国際化、多様化している社会では、自分の意見をしっかり言わないと「存在しない」人となってしまいます。

実際アメリカの学校では、授業中に自分の意見を言ったりしてクラスに積極的に参加しないと成績が下がります。自分の意見を言わない人は、クラスに貢献していないからです。ここでも意見を言うのは「和を乱す」のではなく、お互いから学ぶ貴重な機会だからです。同じ意見からは何も新しいことは生まれません。だから発見も発展もないのです。

間違っちゃいけないという恐怖

私はアメリカ移住当初、人が集まる場にいても、正しい意見を言わないといけないと身構えてしまい、間違えたり反対されたりするのが怖くて何も発言できませんでした。間違ってはいけない、意見を言ってはいけない、質問は邪魔、という風潮で育ったからでしょう。自分が何とかして真っ当なことを言わなくてはと焦るあまり、相手の話がほとんど聞けずにいたこともありました。

ですが、意見は正しいものでも間違いでもないのだと学びました。それは**人がそれぞれに違うように、その人の考え方ですから、正解でも不正解でもないのです**。ただ違うだけなのです。**違うのは普通ですから、この違いを認めることが対話の基本でもあります**。

「ただ違うだけ」と思うと、間違っちゃいけない恐怖が薄らぎます。

2020年の教育改革で、日本の学校の授業にも積極的にディスカッションが取り入れられるようですが、対話力を鍛えるためには家庭でも簡単にトレーニングができます。対話が苦手だった私が「娘は自然と対話のできる子になるように」と家庭で実践していたことを具体的にご紹介したいと思います。

今すぐ家庭でできること

対話力アップ！

「親の言うことを聞きなさい」をやめて、自由に発言する環境を作る

子供が自分の意見を言うためには、子供が安心して話せる環境を用意することが最優先です。これはボーヴォワール校で徹底していたことでした。だから家庭でも、一方通行の命令文を使うのはやめました。「親の言うことを聞きなさい！」では、子供から発言する機会を奪い、「どうせ言っても無駄」という諦めを生むだけです。結果的に主体

性のない、指示待ちの子供が育つことになります。それでは対話以前の話です。ここでは自分の思っていることを言ってもいいと子供が思える、また否定や批判を受けるのではなく、一生懸命自分の声に耳を傾けてくれる人がいる——そんな「安全」な場所を作ることが不可欠です。

時事問題を使って対話の練習をする

時事問題、と書くと難しい印象を持たれるかもしれませんが、単なる同調ではなく意見交換の癖をつけるために、我が家ではテレビやネットニュースで話題になっていることをよく話し合いました。親も子も、格好つけて正しいことを言わなくては、と肩に力を入れる必要はありません。自分の意見がオリジナルである必要はなく、誰かが言っていた言葉を使ってもよし。というのも、人の意見からは学ぶことが多いからです。思っていることをその通りに表現すればいいのです。**ただしこのときに「わからない」という言葉は使用禁止にします。とにかく自分なりに考えて、何か意見を言うのがルールです。**

特に新聞記事は、夕食時の家族の話題に取り上げられることが多いです。両親の出身国が違う場合などは、同じ内容をアメリカ以外の国の新聞記事で読み比べても対話が盛り上がります。我が家ではアメリカとイギリスの新聞を読み比べていました。そして時には日本の新聞も。

違った国の新聞を読み比べることは、グローバル社会とはいえ、同じ問題でもそれぞれのお国柄が出ていて良いディスカッションの材料となりますし、子供が多角的に物事を見るための練習にもなります。また同じ材料でも違う意見があるということを目撃する良い機会となります。

親子で、同じ本を読んだり、映画を見たりして、感想を交代で話し合う

これは我が家に限らず、アメリカの家庭でよく行われている習慣だと思います。子供が興味のある本や映画などを選ぶと、子供は自然と対話に興味を持ってくれるようです。

ですから我が家では何を読むか、何を見るかは娘に提案してもらいました。

友人たちの中には学校の課題図書から選んでいるという人もいました。

つい最近多くのママ友たちから「うちもみんなで読んだ」と名前が挙がったのは『13 Reasons Why』という中学生から高校生向けの本です。これは高校生の自殺がテーマですが、子供と一緒に読んで話し合うことで、今その子が何をどう考えているのかが無

理やり聞き出すよりも自然とわかります。

この「インターベンション＝介入」には、そんなおまけの効果も期待できます。特にシリアスな問題を話し合うときには最適な方法です。

あえて批判や反対意見を出す

「デビルズ・アドボケイト（Devil's Advocate）」＝わざと反対意見を言う人、あまのじゃく」といわれる手法です。学校でも実際よく使われますが、これは建設的対話力の上達に非常に効果的なので是非試していただきたいなと思います。発言すれば必ず同意しない人がいるものです。同意できないのはあくまでもその人の「意見」であり、個人を否定しているわけではありません。また、自分がいつも正解である必要はないですし、自分の意見を何も言わないより、対話の傍観者ではなく参加者となって批判される方がいい。そんなメンタリティを持てるようになれば、最初はちょっと意地悪に思えた反対意見に、子供たちは慣れてくるようになります。

例えば2012年12月、コネチカット州の小学校で起きた銃乱射事件。20人の子供たちが亡くなり、生徒を守るために銃の前に立ちはだかった先生も銃弾に倒れたという痛ましい事件でした。夫と娘は、生徒を守り抜いた教師の勇気や使命感の強さに心動かされ、畏敬の念を抱いたと話しましたが、私はそこで「デビルズ・アドボケイト」を発動。「私がもし子供たちを守って亡くなった先生の親なら、娘には生徒たちを守るより、真っ先に逃げて助かって欲しかった。どんな名誉ある死より、自分の娘に生きていて欲しいと思うから」と違う意見を述べました。夫も子供もハッとした表情で、立場を変えたときの見え方の違いを痛感し、改めてまた3人で話し合ったものです。娘は結局「それでも私なら、教師として自分の命を賭してでも生徒を守ると思う」との考えを変えませんでしたが、結論は変わらなくても、**対話を深めることはクリティカルシンキングの力を養い、柔軟な物の見方を身につけることにつながります**。そして、ここで大切な非認知能力の一つでもある、相手の気持ちに寄り添う共感力も育ちます。

インタラクティブな対話には自由な発想が必要

ママ友の一人、ジャーナリストのジュディが日本の京都を訪れたときのことです。地元の中学生のグループが、学校の授業の一環で外国人に質問をするという取り組みをしていたそうです。皆、とても礼儀正しく、感じが良かったとジュディは振り返ります。彼女が質問に答え終わると、また別のグループが近くにやってきました。質問のグループはその後もいくつか続いたのですが、彼女が驚いたのは、彼らが聞いてきた質問が全く同じ内容だったということ。おそらく先生があらかじめ質問することをまとめて手渡していたのだと思いますが、アメリカでは考えられないことだと言っていました。

アメリカでは生徒自らが聞きたい質問を考えます。そして、質問の答えに対してまた質問するという感じでインタラクティブなのです。これではせっかくの外国人との交流も「対話」にならず、一方通行でもったいないなあとジュディの話を聞いていて感じました。

自由な発想で質問を考えるのは子供が自分の意見を持つということ、そしてそれは子供の大事な仕事です。

大人は子供から自由に発想するという大切な機会を奪ってはいけないのです。

我が家の対話のルール

我が家では対話をするときに、このルールをできるだけ守るようにしていました。

- 自分ばかりが話したり何も言わないのはルール違反
- 相手の話を遮らず最後まで聞く
- 自分の意見を言う前に、必ず前の人の意見を認め、その感想を付け加える

- 自分が意見を言った後は、必ず他の人に「あなたはどう思う?」と聞く
- まだ意見を言っていない人がいれば、その人に「どう思う」と質問を振る
- 話している人の目を見て聞く
- 対話のときはテレビを見ながら、新聞を読みながらなどの「ながら聞き」はやめる
- 「その意見は間違っている」と批判的な心ではなく、「違う意見」とオープンな心で聞く
- 目と耳と心と体で聞くために、ボディーランゲージを使って聞いていることを相手に伝える

3 表現する「自信」を育む

伝える力、対話力とその力を育む理由やそのための学校や家庭での工夫を見てきましたが、これから表現力を伸ばす一番の根っことなる部分に触れたいと思います。**それは自分に「自信」を持つこと、です。この非認知能力がなければ、どんなに技術を磨いてもその子にとって最大のコミュニケーション能力は発揮されません。**

自己表現力に最も重要なものは「自信」

自分の意見を持っても、プレゼンや対話の技能を学んで練習を重ねても、「自信」がなければいいプレゼンはできないし、対話のキャッチボールは続きません。

先ほど挙げたビジネスパーソン４００人に聞いたアンケート調査では、苦手とするプレゼンスキルは何かとの問いに対して、「人前で緊張せずうまくしゃべること」と答えた人が54・7％と半数を超えていました。このことからも「自信」は、自己表現力をアップさせるための最大の要素であると言えるでしょう。

人前で過度に緊張してしまうのは、失敗する恐怖や批判される恐怖、また「うまくやらなければ」という思いがあるからだと思います。だからこそ正しくあれ、完璧であれ、と思い足がすくんでしまうのです。**「失敗しても自分で何とかできる」という自信が育てば、人前での過度な緊張も和らぐのではないでしょうか**。

自分に自信が持てれば、自分の意見にも自分の行動にも自信が持てます。それがより良いプレゼン、より良い対話につながります。

ではこの表現する「自信」はどのようにして育めばよいのでしょうか。

健康な「自信」を育むために

私は娘によく自動車会社フォード・モーターの創始者であるヘンリー・フォードの「自分ができると信じるも信じないも自分次第」という言葉を言って聞かせました。できると自分を信じなければ何も始まらない。自信とはそんな力だと思います。**我が家では過信でも自惚れでもない健康な自信を育むために、「認める力」「自分を好きになる**

力」「子供に完璧を求めない」という3つの点にフォーカスしました。

①認める力（Validation）
②自分を好きになる力
③子供に完璧を求めない

❶ 認める力（Validation）——人間共通の「自分の存在を認められたい」との思い

アメリカのトーク番組史上最高の番組といわれ、全米及び世界140カ国に放映されたトークショーの司会を25年間も務めたオプラ・ウィンフリー。アメリカの歴史で最も偉大な黒人の慈善家であり、「タイム」誌が世界で最も影響力のある人物の一人として取り上げたこともあるスーパー・スターです。彼女はそのトークショーの最終回で、こう語りました。「私はこのショーで3万人近い人々と話してきたけれど、彼ら全員に共通することがあったわ。それはみんな『認められたい』と思っていたということ。彼らは知りたいの。私のこと聞いてる？　私のこと見てる？　私が言っていることはあなたに伝わっている？　って」

どんな名俳優や有名歌手にも、自分を認めてもらいたいという、人として潜在的な強い思いがあるのです。あのビヨンセですらそうだった、とオプラは言っています。プレゼン力、対話力の根っこが「自信」であるならば、さらに「自信」の根っこはこの「認めてもらいたい」との思いが十分に満たされているかどうかだといえるでしょう。

今すぐ家庭でできること

認める力で自信アップ!

一日はモーニング・ミーティングから始まる

モーニング・ミーティングは、レスポンシブ・クラスルームの重要な指針の一つで、学校という温かいコミュニティーにおいて、子供たち一人ひとりが「大切にされている」ことを実感しながら、一緒に楽しく学ぶ一日の始まりです。

教師と生徒全員が円になって集まり、20分から30分かけて交流します。**自分がそのコミュニティーに属していることを実感し、自身の存在意義を確認でき、子供たちは「安心」してその一日をその場所で過ごすことができます**。

我が家でも家族が毎朝家を出る前に、必ずお互いの顔を見て「おはよう」と言ってから出かけていました。

モーニング・ミーティングの写真

子供を一個の個人として認める

子供は親のコピーではありません。ですから親の好みや価値観を押し付けず、発言の機会と選択肢を与えることで、子供の独立した存在と個性を認めてあげましょう。

我が家では小さいうちからおやつや毎日着る服についても全て子供に発言の機会と選択肢を与えました。

親の期待やコンプレックスは子供の重荷

夫は外交官で弁護士ですが「あなたは大きくなったらお父さんのように外交官か弁護士になるのよ」などと我が家では一切言いませんでした。また私の専門が現代アートだから、

「あなたも現代アートが好きじゃないとダメ」なんてことも言いませんでした。そういった親の期待や決めつけは子供の意見を無視し、その子のあるがままの存在を認めていないと同じことだと思うからです。

子供に必要のない重荷を背負わせたくなかったら、親の夢や希望や失望は胸にしまっておく。それも親の務めかなと思います。

一つ私が遭遇した出来事をお話しします。これは娘がボーヴォワール校に合格したときの話ですが、知り合いの息子さんは残念ながら合格できませんでした。道でばったり出会っての立ち話でしたが、そこには息子さんも私の娘もいました。そこで彼女は言ったのです。「うちの息子はどこも受からなくて本当にがっかりよ。何がダメだったのかしら」

これではお子さんの自信は粉々に砕けるだろうな、と思ってしまいました。そして「親を失望させてしまった」という重荷を背負うことにもなり、「自分は認められていない」という悲しい想いで心が満たされてしまったことでしょう。

また親がこんな学歴や経済状態だからと自分の存在価値を認めないようなことを言ったりして、子供の可能性を潰すようなこともあってはならないことです。そんな親の自信のなさは、必ず子供の心に自信のなさを植え付けます。

親はまず自分をポジティブに認めること。そんな姿勢は必ず子供にも伝わります。

「ダメ」というときは必ず理由付きで

子供ですから時には理不尽な要求もあります。こちらが示したアイデアや選択肢に不満なこともあるでしょう。その際、**理由なしのNoは禁物です**。誰だって説明もなく頭ごなしに否定されれば、自分の存在なんてどうでもいいと言われているように感じるはず。それでは自信は育ちません。**我が家では娘にNoと言うときは、必ず「なぜダメなのか」の理由を説明するようにしていました**。

褒めるときも必ず理由付きで

褒めるときも同じです。何でもかんでも褒めれば、褒められることに麻痺してしまうだけで、せっかくの自信を育む機会が無駄になってしまいます。ですから**褒めるときは必ず具体的に「どこが良かったのか」を指摘することが大切だと思います**。また私は「良かったこと」の他にもう一つ、改善の余地がありそうなことも具体的に伝えるようにしています。それだけ一生懸命娘のことを見ていたと感じてもらいたいですし、単に「良かった」で終わりではなく、しっかり自分のことを見ていてくれたとわかれば、必ず次の成長につながると思うからです。

次に続くチャレンジに挑戦しようと子供が思うことも、自信を育むには重要です。そのためにも次に続く理由付きの褒め方を実践しました。

「今日一日どうだった?」と聞く

自分の一日を知りたい人がいる。子供はそう思えるだけでも自分は価値ある存在だと、自分を認めることができます。周囲の無関心は、子供を最も不安にさせます。マザー・テレサは「愛の反対は憎しみではない。無関心だ」という言葉を残しています。一日の振り返りに、**しっかりと耳を傾け、聞いてあげることも重要なValidation(認める力)なのです**。

ボーヴォワール校のモーニング・ミーティングでは、毎朝一人ひとりが昨夜のこと、今朝のことなどを話していました。

定期的な運動を取り入れる

精神科医で随筆家の斎藤茂太さんは、その著書『モタさんの「いい人生」をつくるコツ 仕事・人間関係であれこれ考えすぎて動けない人が読む本』(こう書房)の中で次のように言っています。

「スポーツを始めたばかりの頃はすぐに息切れして、ほかの人についていくのがやっとだったのが、しだいに体の動きを考える余裕が出てきた。当初は筋肉痛で駅の階段をのぼるのもひと苦労だったのに、逆に運動した後は体が軽く感じられる。（……）このように自分でもはっきりと進歩の跡が見えるようになると、続けていくのが面白くなってくると同時に自信も芽生えてくる。

『私だって、まだまだ捨てたもんじゃない』『数か月やっただけでここまで進歩するなら、もっとうまくなれるはずだ』

この自信は、先ほどの『根拠のない自信』ではなく、ここまで自分がやってきた実績に基づく、れっきとした『本物の自信』だ。

新しい分野で自信を持てるようになると、次の一歩を踏み出すのはもっと楽になる」

ここに述べられているように、運動には練習によって新しい技術を身につけることで、その結果が見えるという良さがあります。自分の努力と成果を認める。よくやったと褒めてあげる。自分を認めてあげる。

こんなふうに、手軽にできる運動を日常生活に取り入れることは、健康な自信を育む大切な要素だと思っています。

我が家では夫が大のスポーツ好きで、テニスにスキーにと娘とよく週末出かけていました。目に見える上達は確実に自信につながります。ローラーブレードを娘が3歳のときに教えたのも夫です。私は未だにできませんが。

❷ 自分を好きになる力

できないこと、苦手なことも含めて、子供がありのままの自分を好きになることで健康な自信が育ちます。

今すぐ家庭でできること

自分を好きになる力で自信アップ!

ありのままのあなたが好き、と言葉で伝える

子供がありのままの自分が好きで自分を大切にできるように、「ありのままのあなたが好き」と言葉で伝えましょう。誰にでも得意なこと、不得意なことがあるのは当然。そういうことも全部ひっくるめて自分なのですから。反対に「あなたなら何でもでき

る」という表現は、自分自身を現実的に見つめることを放棄させ、うぬぼれや自己過信、幻想に陥らせてしまう恐れがあります。または「何でもできると言われてもできない自分」に自己嫌悪が生まれることも。だから我が家では健康な自信を育むために「あなたなら何でもできる」とは言いませんでした。その代わり、「あなたはパパとママにとって一番大切な存在、スカイはスカイだからいい」と伝えていました。

子供の得意分野でお手伝いをさせる

こんなアインシュタインの名言があります。

「誰だって才能がある。だが魚が木に登る能力で自分を判断しようとしたら、その魚は一生自分はダメでバカな存在だと思って生きることになる」

人間は、自分が得意なことをしているとき、「できる!」と思うときは、心がポジティブな思いで満たされています。そんなときは自然と笑顔になっていて、自分に自信のないはずがありません。自分に自信があるとき、自分のことが好きじゃないはずがありません。このアインシュタインの言葉にあるように、誰にだって才能があります。子供に自信を持って欲しかったら、子供が上手にできることをどんどんさせて、「やった!」と思える瞬間を増やしてあげる。お手伝いで自分が「役に立つ」というポジティブな経験は、自分の能力を確認し、自信を得るきっかけになります。私たち大人だって、自分が得意なことで役に立ったときは嬉しいし、自信が持てますよね。

ボーヴォワール校でも、子供がよくできることを先生は見つけて褒めていました。それも毎日。これなら自分が大好きになり、自信も生まれます。

例えば、私の娘はパンケーキを焼くのがとても上手。今でもちょっと自信をなくしているようなときには「スカイの美味しいパンケーキが食べたいな」とお願いして焼いてもらいます。食べ終わったら「あぁ美味しかった。ありがとう」という言葉を必ず添えて。娘に元気な笑顔が戻る瞬間です。

どんな子供にも必ず得意分野があります。身近な日常から探し出してみてください。そしてそれを発揮する機会をどんどん作ってあげてください。

何でもかんでも叱らない、人前で叱らない

叱られてばかりだと、子供は自分が好きになれないし、自信をなくします。我が家では「どうでもいいこと」については叱らずに見逃しました。どんなことが「どうでもいいこと」かというと、例えば部屋の整理整頓ができていないとか、宿題を期限ギリギリまで手をつけないことなど。子供にとっても親の言動に文句の一つも言いたくなること

だってあるでしょう。一方、家族の一員としてやるべきことをしないときは叱りました。

家族が一緒に暮らす上で一番大切なことは、お互いに尊敬し合うこと。それは私たち家族の一人ひとりが毎日実行しないといけないことです。ですから例えば、尊敬の念を欠くようなことを言ったりしたときは迷わずに叱りました。また家族の一員として我が家では全員に役割がありますが、スカイの役割の一つに日曜日の朝ごはん作りがあります。「それこそどうでもいいようなことじゃないか」と思われるかもしれませんが、自分が役割を果たさないとみんなが困るということをしっかりと胸に刻んで欲しかったので「今日は眠い」とか「面倒」などとベッドで言うときは「ダメ、お腹すいた」と娘を起こしていました。

また、私は娘を人前で叱ることは避けました。たとえ自分に非があったとしても、人前で叱られるほど自尊心が傷つけられ、恥ずかしく自分が情けなくて嫌になってしまうことはありません。そんなときは必ず2人だけになれるところに場所を移動し、1対1で叱るようにしていました。そのときも感情的に叱るのではなく、叱っている「理由」を説明しました。

ポジティブなセルフイメージを持たせる

「あー太った、嫌だなあ」なんて頻繁に口にしていませんか？　ですがこの一見害のなさそうな親の軽口は、実は子供の中でネガティブな価値観として残ります。

ですから親は自分の顔や体について、自虐的な発言をしたくなったらグッと口を閉じることです。背が低い、鼻が低い、メタボだなど、親が気にすると子供も同じように敏感になってしまいます。

代わりに**ポジティブな点を挙げ、子供が自分自身の外見にポジティブなセルフイメージを持てるように育てましょう**。自分が一番気に入っているチャームポイントはどこか。一カ所でも大好きなところを見つけて、自信をつけるのです。人は誰だってそれぞれに美しい。人は自分が美しいと思っているときに自分が好きじゃないわけがありません。そしてそんなとき人は自信を感じるのです。

例えば我が家の娘ですが、実はバレリーナ向きの完璧な骨格に生まれついていません。高すぎるほどの足の甲やえぐれたような土踏まず、180度に開く脚など、バレエはそういう完璧な骨格の人が踊るために作られたもの。努力ではどうにもならない、生まれながらの要素であるにもかかわらず、先生から罵声が飛んでくることも度々あります。

でもスカイはスカイらしい、美しいダンサーとなればいいのです。だから私は「あなたの腕は長くてまるで白鳥の羽のように動く」といつでも彼女の腕の動きを褒めました。そうしてコンクールの演目でも腕の動きが際立つようなものをよく選んでいたのです！

私は腕を美しく動かすことができる。そんな自信が彼女の中にあったからでしょう。セルフイメージは毎日自分が共にするものだからこそ、ポジティブに育ててあげたいです。

「壁に耳あり」作戦

娘には隣の部屋（あるいは少し距離を置いた場所）で聞こえているのを承知で、娘のことを大いに褒めちぎる「内緒話」をしました。子供は親が自分の存在に気づかず「内緒」で話していることだからこそお世辞ではなく真実だろう、と思い込みます。自尊心をくすぐる、ちょっとしたいたずらのようですが（笑）、意外にも効き目はあるようです。

さすがに高校生になったら「ママ、聞こえてる」と言っていましたが、それでも悪い気はしていないようでした。子供ってどんなに生意気で大人なようなことを言ったりしてもまだまだ無垢な心がある我が子なのです。

❸ 子供に完璧を求めない　ヘリコプターペアレンツにはならない！

画家のサルバドール・ダリはこう言っています。「完璧主義に陥るな。何も手に入らないぞ」。心理学者は完璧主義をハンディキャップと捉えています。アメリカ国立衛生研究所（NIH）の調査でも、完璧主義は鬱や不安症候群の原因になりうることがわかっています。トロント大学（カナダ）やヨーク大学（イギリス）の調査では、完璧主義者は失敗に対して強い恐怖心を抱いており、決断力、行動力を欠く傾向にあると言っています。

完璧主義は真の思考力と非認知能力の成長に著しい悪影響を与えるものです。

全てをコントロールするヘリコプターペアレンツ

ヘリコプターペアレンツ。この言葉がアメリカで初めて使われたのは1960年代ですが、今では過保護すぎる親、全てのお膳立てをする親、子供に集中しすぎて子供に自分の人生を捧げてしまっているような親の総称として使われています。子供が失敗したり、失望したりしないように、転ぶ前に障害となりそうなものを取り除く親。いつでも子供の頭上をブンブン飛び回り、子供の人生に過剰に関わり、全てをコントロールしようとする親。まるでうるさいヘリコプターみたいだからそう呼ばれるようになったのですが、そんな親のもとで育った子供が大人になったとき、転んだら起き上がれるでしょうか。挑戦して失敗することに恐怖心を抱いているから、ぐずぐずといつまでも前に進めない大人になってしまうかもしれません。

「インターベンション＝介入」が要所要所で足場を作り、それを自分で見つけ、失敗しながらも自分で登り方を考え進んで行く子供を見守るのに比べて、ヘリコプターペアレンツはスタートからゴールまでのレールを自分の理想通りに敷き、子供の興味も能力も無視し、有無を言わせず駆け上がらせる。それくらいの違いがあります。

ヘリコプターペアレンツの子供は失速していく

ジュリー・リコット・ハイム氏（元スタンフォード大学・学部長）は、ニュースサイト「Slate」に2015年7月に掲載された自身の記事（「ヘリコプターペアレンツの子供は失速していく」“Kids of Helicopter Parents Are Sputtering Out”）の中でこう述べています。彼女はスタンフォード大学のメンタルヘルスのチームにも属していました。

「“優秀な羊たち”は私のオフィスにいました。みんな優秀で、完璧なこれらの学生は弱々しくソファに座り、彼らは周囲から見れば素晴らしく成功しているように見えるけれど、自分にとっては現状を哀れな人生だと受け入れるしかないと言っていました。私は学部長を務めている間、多くの大学生が、自分自身がサイエンス（医学や工学）を学ば『なければならない』と思い込んでいる様子を見てきました。彼らはピアノを弾か『なければならない』、アフリカのためにボランティア活動をし『なければならない』などと、それは彼らの履歴書に書かれていることなのに、実は自分には全く興味のないことがらだったのです。『両親は私にとって何がベストかを知っているのだ』と言いながらも、その助言に従って自分が今やっていることには興味が湧かず、どうしていいかわからなくて困っていると肩をすくめる者もいました」

ヘリコプターペアレンツのもとで育った子供たちは、傍目から見れば超一流の大学生だけれども、自分で自分を見失っている。完全に自信を失ってしまっている事実がここに描かれています。

失速していく人生。ヘリコプターペアレンツは、子供にそんな未来を約束しているのです。

失敗から学ぶマインドを育てる

完璧を求めるヘリコプターペアレンツの下で育つのは失敗するのが怖くて行動できない、そんな自信のない子供です。だからヘリコプターペアレンツにはならない。これは私とママ友たちの合言葉でした。

自信ある子供を育てるために、私もママ友たちもヘリコプターペアレンツとは真逆のことをしたのです。それは**子供の失敗を応援すること。いろんな失敗をしてそこから学んで前に進んでいくから、子供に自分で行動する自信がつくのです**。失敗してもやり直しができる、またトライしよう、自分で何とかできるという自分を信じる力が生まれるのです。

それはヘリコプターペアレンツとは真逆の発想です。ヘリコプターペアレンツが目指すのは「失敗しない子供」ですから。

ここで気を遣ったのは、間違いや失敗という言葉を避けることでした。代わりに我が家では娘に「たくさんの学びの機会があるのも経験のない子供の特権なのだから、どんどんいろんなことに挑戦しなさい」と言っていました。

間違いや失敗という言葉を「学びの機会」（Learning Opportunity）と置き換えるだけで、全く感じが違ってきますよね。

東京大学名誉教授で失敗学が専門の畑村洋太郎さんは「日本社会は、失敗を恐れ、失敗を恥じ、失敗を隠そうとし、失敗に学んでこなかった、その原因は、明治以降、欧米の後を追うことで効率よく成長してこられたため、失敗から謙虚に学ぶ文化やシステムが生まれなかったことにある」と言います。畑村さんは学生にほとんど手を貸さず、あえて挫折を経験させる方が、習得した知識や技術が定着し、応用も利くと言っています。ノーベル賞受賞者の多くも、実験の失敗が世紀の大発見のきっかけになったと語ります。完璧主義はむしろ、可能性を狭め、気持ちまで萎縮させていくばかりです。完璧じゃないところにその人の個性があり、完璧じゃないからこそ人間なのだと、親が失敗に対しておおらかな気持ちでいることが大切です。自信のある子を育てたければ、親は子供に失敗させる勇気を持たなくてはいけません。

失敗から学ぶマインドで一つ娘のエピソードをご紹介したいと思います。それは高校2年生だった娘が生徒会長に落選したときのことです。娘はバレエをやっていましたから、放課後必須のスポーツを免除してもらい、スタジオに通っていました。学校行事に参加する機会も少なく、後輩もいませんでした。反対に、当選した生徒は学校のフィールドホッケーチームのキャプテンで、票を入れてくれる上級生・同級生・下級生の大きな基盤がありました。そしてみんなが必要としているのはどんなことなのかもよく知っていたのです。

ですからコロンビア大学の生徒会の副会長に立候補したときは、まずは自分が属するコミュニティーの人の話を聞き、知り、何が必要なのかを話し合い、コミュニティーへの理解を深めていったのです。

娘が高校で生徒会長に立候補したときは、勝ち負けではなく、選挙に出ると言う娘が最後まで戦えると全力で信じることが、私と夫の介入でした。

こんな私たちからの信頼は、娘の確固たる足場となっていたと思います。

失敗しなければ学べないことはたくさんあります。子供が失敗してそこから這い上がる姿を見るのは歯がゆく辛いものですが、必要なこと。そのためにも親は勇気を持って、多くの失敗を経験できる機会を応援するのが務めかと思います。

意見を言ったり行動したりと自分を表現する自信は、完璧主義とは真逆の多くの学びの経験を経て培われるものだから。

第3章

心が折れない「回復力」をつける

世界が英才教育よりも注目する「レジリエンス」

第2章の終わりに失敗から学ぶマインドが重要だと述べましたが、**実は今、世界のエリート校が最も注目していると言っていい分野が「レジリエンス（Resilience）」です**。

レジリエンスは「精神的回復力」や「弾力性」と訳され、「折れない心」などと表現されています。アメリカの心理学会の定義では「レジリエンスとは、逆境、トラウマ、悲惨な状況、脅威、ストレスなどの重大な原因に直面したとき、うまく適応していく過程」とされています。

どんなに優秀で才能溢れる人材であっても、失敗や逆境などで落ち込んだときに自分を奮い立たせることができなければ、その才能を社会のために生かし切ることはできません。レジリエンスは非認知能力の中でも非常に大切なもので、訓練で高めることができる要素です。

娘が通ったボーヴォワール校でも、レジリエンスを早いうちから訓練していました。

「レジリエンス」とは

レジリエンスの概念が注目され始めたのは1970年代、ナチス・ドイツによるユダヤ人の大虐殺「ホロコースト」を経験した孤児たちの追跡研究がきっかけと言われています。彼らのその後の人生を調査すると、過去のトラウマや恐怖の記憶から生きる意欲を持てずにいる人々がいる一方で、トラウマを乗り越えて仕事にも励み、幸せな人生や社会的成功を収める人々も存在することがわかったのです。逆境に押し潰されずに生き抜いた、彼らの強靭なメンタリティに着目したことで、レジリエンスという言葉が普及したとされています。

なぜいま、教育で「レジリエンス」が注目されるのか

欧米では、2001年のアメリカ同時多発テロ、2008年の世界金融危機（リーマンショック）など想定外の危機に直面し、強力なレジリエンスの必要性が求められるようになりました。こうした困難な状況に対処するため、社会全体に対し、従業員研修などをはじめとする逆境に強い「折れない心」を作る機会が求められるようになったのです。

学力を高めることだけが学校教育の目標であるならば、寝る間を惜しんで猛烈に勉強さえすれば目標は確実に達成できるでしょう。けれど人生は、教科書通りにはいかない想定外の出来事の方が多いのです。正しい答えが教科書のどこかに書いてあるわけでもなく、誰も直面したことがない問題が頻発します。また、2045年には平均の寿命が100歳に達するとの予測もある中、様々な課題に満ちた社会で、幸せに息の長い活躍

をするためには、「学校でも早くからレジリエンスを鍛えておく必要があるのではないか」という社会の問題意識が明らかになり、学校教育現場でもレジリエンスが重視されるようになりました。

人の心は自然とネガティブになるようにできている

もう一つ、レジリエンスを早いうちから訓練する必要があるのは、人の心は自然とネガティブになるようにできているからです。それが普通だということを証明する有名な研究があります。それはネガティブバイアスの研究。ネガティブバイアスの研究はシカゴ大学のジョン・カシオッポ博士によるもので、ネガティブなことはほとんど自動的といってもいい速さで脳に信号を送るというものです。また、脳は生まれながらにして悪いことにより過敏に反応する傾向がある、とも言っています。ネガティブなことの方がパワフルであるというネガティブバイアスがあるために、どうしても私たちの心はネガティブになりがちなのだそうです。これだけネガティブな思考の力は強いということです。だから心が折れそうになるのは、私たちが弱いからではありません。私たちの心は自然と後ろ向きになるようにできているため、放っておいたら心が折れそうになるのは普通のことなのです。例えば嫌なことを言われたりされたりしたとき、それがどんなに小さいことでも意外と覚えているものです。数時間、時には何日も。なのに、良いことはすぐに忘れてしまう。そんな経験はありませんか? これが積もり積もれば、心が折れそうになっても不思議ではありません。そして、これは誰にでも起こりうることなのです。

一方で、折れそうになる心を回復させるレジリエンスは生まれながらの能力ではなく、訓練で高めることができる能力です。このレジリエンスを高めれば、困難にぶち当たったとき、失望や失敗に出会ったときに、それらのネガティブな経験からくる感情をポジティブに変えることができますから、子供が自分の能力をもっと引き出すことができるようになるのです。幸せの研究で有名なノースキャロライナ大学のバーバラ・フレデリクソン博士は、ポジティブ思考はレジリエンスを高め今まではできると思っていなかったようなことも達成できる、と言っています。

「ネガティブバイアス」に支配される日本の若者

内閣府による「子ども・若者白書」(平成26年版)にある特集「今を生きる若者の意識~国際比較から見えてくるもの~」*によると、日本の若者は諸外国と比べて自己肯定感が低く、自分自身に満足している人の割合は45・8%、自分には長所があると思っている人の割合は68・9％で、いずれも諸外国に比べて日本が最も低くなっています。
＊韓国・アメリカ・イギリス・ドイツ・フランス・スウェーデンとの比較

また日本の若者は諸外国と比べて、うまくいくかわからないことに対し、意欲的に取り組むという意識が低く（52・2％）、つまらない、やる気が出ないと感じる若者は76・9％にも上ります。

さらに日本の若者は諸外国と比べて、悲しいと感じた人の割合が72・8％、憂鬱だと感じた人の割合も77・9％で、特に10代前半では突出して諸外国より高くなっています。自分の将来に希望を持っている割合は61・6％、40歳になったときに幸せになっていると思う割合は66・2％、社会現象が変えられるかもしれないと考える割合は30・2％と、いずれも日本が最低です。

ちなみに自分自身に満足している、自分には長所があると思っている人の割合が最も高い国はアメリカでした。自分に満足は86％、長所を認める割合は93・1％にも上りました。

この調査結果は、自己肯定感が低く、心がネガティブバイアスに支配されている姿を映し出しています。心がネガティブだとそこから回復するエネルギーは生まれませんから、「レジリエンス」は絶対に高まりません。アメリカ同様、日本の若者にも折れない心を支える「レジリエンス」が必要なのです。

レジリエンスの高い人の特徴とは

『なぜ超一流の人は打たれ強いのか：レジリエンス―折れない心の育て方』（PHP研究所：久世浩司著）によると、レジリエンスの高い人には、次の3つの特徴があるといいます。

❶回復力：困難に直面してもすぐに元の状態に戻れる、しなやかな心を持っている
❷緩衝力：ストレスや予想外のショックなどに耐えられる弾力性のある精神を持っている
❸適応力：予期せぬ変化を受け入れて合理的に対応する力を持っている

レジリエンスの高い人は、自分の逆境を積極的に受け入れ、それを糧に新たな成長を遂げていくから成功するのです。

同様に、アメリカ軍やプロスポーツチームのレジリエンス・トレーニングで有名なペンシルバニア大学のカレン・レイビッチ博士は、レジリエンスを構成する要素として心がネガティブになっていることに気がつく自覚力、自制心、柔軟な精神、将来に対する楽観、できるという自己効力感、良好な人間関係などを挙げています。

レジリエンスの高い親子――エリザベスとシャーロット

ボーヴォワール校のママ友の1人、心理療法士のエリザベスの次女シャーロットには、タイプ1糖尿病の持病があります。毎回の食事で炭水化物量を計算しなければならず、インシュリンの注射は自分で打たなくてはいけません。このような事情で、彼女の家庭は制限の多い生活を余儀なくされているのですが、エリザベス曰く「この規則正しい生活がシャーロットと長女エミリアの規律を育んだ」と言います。娘の難病をポジティブに受け入れ、それを糧に子育てにつなげた彼女の母親としてのレジリエンスはとても高いものです。

そして娘のシャーロット自身も、小児糖尿病研究所からの依頼で、研究所のスポークスマンとして、全米各地で自らの持病について講演をしていました。彼女は使命感を持ってその活動に取り組んでいましたが、数年間続けているうちに、自分が「タイプ1糖尿病を患う子供」という枠にはめられてしまうことに複雑な思いを感じるようになりました。

そこで彼女が次のステップとして選んだのが「政治」の世界でした。前回の大統領選ではヒラリーの応援に走り回り、フィラデルフィアの大会のときには学校に許可をもらい、お休みして駆けつけたほどでした。残念ながらヒラリーは落選。落ち込んだ娘に母は「ここで諦めちゃだめ。これからが本当にあなたたちのような人の力が必要な時代なのだから」と励ましました。そして今はまた、バージニア州知事選挙の応援に駆けずり回っているとのことで、娘もまた、持病を抱えながらも、強いパッション（好き）でレジリエンスを高めているのです。

バレエの代役から勝ち取った本番の舞台——娘スカイの場合

娘のスカイがボーヴォワール校を卒業しワシントンDCきっての進学校であるナショナル・カテドラル校に進み、多忙な学業と両立させながら、プロを目指して日々練習に励んでいたクラシック・バレエ。彼女が15歳のとき、「くるみ割り人形」の主役のオーディションがありました。ワシントンバレエ団と一緒の観客2000名を収容できるワーナーシアターでの大舞台です。公演期間中は毎年約4万人が舞台を見に来ます。公演期間が30日間と長いため、主役は3人選ばれることになっていました。誰もが娘の実力を認めてくれ「スカイは確実に3人のうちの1人だろう」と言われていました。しかし現実は落選という過酷な結末に。娘に充てられたのは本役が舞台に立てなくなった場合にピンチヒッターで舞台に立つアンダースタディ（代役）でした。ただ、3人も主役がいるので、仮に1人が休演をしても残りの2人が代わりに踊れます。つまり娘が舞台に立つチャンスというのは、もう限りなくゼロに近い状態だったのです。

タイムや得点で争うスポーツ競技とは違い、バレエの世界はブラックボックス。落選の理由も明確にはわかりませんでした。娘はもはや立ち直れないのではないか、とそばにいた私はとても心配でしたが、娘は落ち込むどころか、代役という立場を「チャンスはまだゼロではない」と捉え、決して諦めませんでした。

まず舞台監督に直談判し、本来は主役にしか貸し出されないビデオを「代役として振りを覚えたいから」と借りてきました。練習にはあまり参加させてもらえず、できるのは舞台袖で見るだけ。そこでまた、舞台監督に直談判。「自分ができないところを見て欲しい」とお願いし、15分だけ指導を受けることを許されました。

舞台に立てる可能性がほぼないという状況にもかかわらず、ここまで食らいついて頑張った娘に監督はついに根負けしたのか、最終的には主役が3人から4人となり、娘は逆転勝利で本番の舞台に立つことができたのです。

なぜこんな厳しい逆境を乗り越えようとしたのか。娘に尋ねると「代役にも選ばれなかった仲間が大勢いるわ。それにこの役は私の憧れだった。代役でも舞台袖なら同じ振りを学ぶこともできるし、もしかしたらという希望もゼロじゃない。それだけで私、ラッキーだと思ったから」と言いました。逆境をパッション（好き）が克服していく。娘のレジリエンスの高さに驚いた出来事でした。

レジリエンスは育める

エリザベスとシャーロット親子、娘のスカイ。彼女たちのレジリエンスの高さは元々持って生まれた才能ではないかと思われるかもしれません。確かに従来は、この能力は先天的な資質だと考えられてきました。しかし近年の研究では、適切な訓練を重ねることで高いレジリエンスを後天的にも獲得できることがわかってきました。大事な点は、逆境から「逃げる」のではなく、いかに「向き合う」かということです。

ボーヴォワール校で受けた教育や家庭の環境は、今、振り返ってみれば、子供たちのレジリエンスを高めるための適切な訓練、介入でした。この訓練を積み重ねたことで、子供たちは高いレジリエンスを身につけることができたといってよいでしょう。

では、具体的にどんな取り組みがレジリエンスを鍛える訓練になったのか。**「心をポジティブに保つ」「想像力で選択肢を広げる」「良好な人間関係を築く」の3つの日常の習慣を振り返ってみたいと思います。**

1 心をポジティブに保つ

心は放っておくとネガティブになってしまいますから、我が家ではレジリエンスを高めるために心をポジティブに保つ訓練を習慣にしました。

今すぐ家庭でできること

心をポジティブに保ってレジリエンスアップ！

今日の成功ノート：寝る直前に成功の再体験

ポジティブ心理学の父と呼ばれるペンシルバニア大学のマーチン・セリグマン教授は、**「1日の終わりに、その日の良かったことを3つ書き出すこと」**を勧めています。1日の終了時にその日の良かったことに注目し、それはなぜ起きたかを考えることにより、持続する幸福感を得ることができるといいます。記録の作業を通じて良かったことを「再体験」し、その記憶を頭と心にとどめることで、ポジティブな心で1日を終えることができます。

私は娘に、3つではなく1つだけ書き出すことを勧めました。毎晩3つも考え出すのは疲れている日や気分が乗らない日には嫌になることがあるかもしれませんが、一つくらいならどんなコンディションでも思い出せるはず。また、時々そのノートを見返すことでも幸福感を再体験できるし、ポジティブな気持ちになれるものです。実は私も娘と一緒に始めたのですが、お手本を見せるために2、3回やればいいか、なんて思っていたのが、もう何年も毎日続けています。それだけ心をポジティブに保ち、レジリエンスを上げる効果が大きいということです。

一日1回子供が好きなことをする時間を取る

笑顔は心のポジティブ度のバロメーターです。そして人が自然と笑顔になるのは好きなことをしているとき。楽しいときは誰だって笑顔になります。

娘は小さい頃から踊るのが大好きでした。本来は想像力を伸ばすため、アートを作る場所として用意したアートルームで、娘は毎日音楽もなしで踊っていました。そんなときの娘は本当に楽しそうでした。好きなことをしていれば、嫌なこともその時間だけは忘れられます。そんな心の解放は、レジリエンスを高めてくれます。

思いつめないためにも、必ず毎日子供に好きなことをする時間を持たせる。毎日10分でもいい。それが何でもいい。私が徹底して実行してきたことです。これは勉強よりも大切なこと。我が家ではそんな位置付けでした。

娘が通ったボーヴォワール校が子供主体でやりたいことを探させていたのも、子供の好き、パッションを応援するためだったのです。パッションがあれば自分への見方もポジティブになります。ポジティブだからはね返す力がある。パッションがレジリエンスを支えるのです。娘のレジリエンスのトレーニングは、4歳から始まったと言えます。

エリザベス親子や娘の所でもたびたび出てきた「パッション」ですが、これに関しては第4章で詳しくふれたいと思います。

見方を変える：コップの水の実験

これはリフレーミング（Reframing）という手法で、学校でも小さい頃から実践されています。

レジリエンスの高い人は、困難や失敗を「成功のきっかけ」として捉えられる力、ポジティブな視点に変える力があります。これは「ものの見方を変える」スキルです。手軽にできるのは、コップの水の実験です。

コップに水を半分入れ、「『半分も入っている』と思う？　それとも『半分しか入っていない』と思う？」と子供に問いかけてみます。前者なら、入っている水に心が集中し、ポジティブな気持ちに満たされている。後者なら空っぽの空間に集中し、失ったものや自分にはないものなどにフォーカスし、ネガティブな気持ちに覆われているということ。物事には2通りの見方があり、心の状態によって同じことでも感じ方が全く違うことが体感できます。

同じことでもネガティブとポジティブの二つの見方がある。そしてどちらを選ぶかは自分。これを我が家では事あるごとに訓練しました。自分の気持ちを自分でコントロールできると思うと自信が生まれ、心がポジティブになり、レジリエンスが高まります。

幸福感を見つけ出す

ハーバード大学社会心理学部教授のダン・ギルバート博士は、２００６年にベストセラーになった『明日の幸せを科学する』の中で、「幸せには、望むものを手に入れたときに味わう幸福感と、望むものを手に入れられなかったときに頭の中で作り出す人為的な幸福感がある」と言っています。人は失敗したとき、負けたとき、そこに自分で代わりとなる喜びを見つけ出す天賦の才能に恵まれているのです。

例えばサッカーの試合に負けたとします。そこで失望するのは普通ですよね。だって欲しかったのは勝利という幸せだったのですから。ですが人にはそこで終わらずに「負けたけどあのシュートは良かった」など何かしら良かったことを見つける才能があるのです。そして「良くできたシュート」は作り上げられた嘘の喜びではなく、実際にあった本当の喜びです。そんな喜びを一つ見つけることができれば、確かに失望も失敗も乗り越えられる気がします。

私たちは実際、いろんなところでこの人為的な幸福感を見つけ出すスキルを無意識のうちに使っていると思います。それを子供と一緒に意識的にできるようにすると、それは子供の物事の見方の習慣となっていきますし、素早い回復力が身につきます。

例えば、人為的な幸福という希望の光を灯し続け、レジリエンスを高めるために我が家で実践したやり取りには次のようなものがあります。

- **子供が意気消沈しているときは、「いいこともあったじゃない？」とポジティブな思考を促す**
- **そのときに答えは与えないで、子供に自分で「いいこと」を考えさせる**

人は自分が思っているよりも高いレジリエンスを備えています。人為的幸福を意識することで、本来の高いレジリエンスを引き出すことができるのです。

毎日20分の空想

空想するとき、心は自然とポジティブなことに向いています。レジリエンスアップの鍵は心をポジティブにすることだから空想はレジリエンスアップに有効なのです。

ボーヴォワール校では「自分で考えなさい」が基本ですから、かつて私にこの宿題を提案した先生は理由を説明してくれなかったのですが、しばらく娘を観察しているうちにその理由がやっとわかりました。空想しているときの娘は穏やかな顔をしていたからです。

これを瞑想やメディテーションという方もいらっしゃるでしょうね。いろんなところで効果が証明されている方法です。

特に心がネガティブになっているときに空想の時間を取ると有効です。心がポジティブになり満たされます。実は私も毎朝15分実行しています。

一日をポジティブな心で始めるのが、私の習慣となりました。

「自己平均」という発想を持つ

野球監督のリック・ピーターソンは、選手に自信を持たせるために著書『Crunch

Time（クランチタイム）』の中で**「自己平均」**という手法を実践している、と言っています。**自分基準で自分の平均レベルを測り、「平均であれば十分」と頑張っている自分を認めてやる**。もしここで「自己ベスト」を基準にすると、滅多に出ないレベルの高い記録なので大抵は失敗に終わります。できるかどうかわからないことを目指すのではなく、「その日の成功を確実に勝ち取る自己平均」というアプローチが自信を高めるというのです。

ベストを目指して頑張るから意味があるのだという意見もありますが、「毎回ダメで悔しいから頑張る」というネガティブパワーを使ってのアプローチより、我が家は「今日もできた！　また明日も頑張ろう」というポジティブなアプローチを選びます。「自己平均」という「自分基準」の発想で、毎日成功を重ねることで心がポジティブになり、自信とやる気を高め、レジリエンスを育むのです。

自然の中で過ごす

我が家は娘がプロのバレリーナを目指していたため、3カ月もある長期の夏休みもバレエが中心になってしまいましたが、友人のお子さんたちの多くは積極的に自然を体験できるキャンプに4～5週間参加していました。有名進学校でも、夏休みに塾に通う子供はいません。むしろ、長期間のキャンプやカヌーに乗った川下り、300キロ以上にわたるアパラチア山脈のトレッキングなど、ワシントンDCという都会での生活とは全く違う、物質的な世界から解放される中で過ごすことを選びます。自然を相手に、普段の生活では考えられないような挑戦がたくさんあり、仲間と励まし合いながら乗り越えていきます。非日常の世界で遭遇する問題や、乗り越えた後に得られる達成感もまた、レジリエンスにつながります。

そして何よりも体を動かすというのは、ドーパミンやセロトニンという幸せのホルモンが脳内に分泌されることが知られています。だからポジティブな気持ちで満たされ、回復力がアップするのです。これはご近所のジョギングでもジムでも効果が出ますから、自然の中で過ごす時間がない場合は、ちょっとした運動を取り入れると良いかもしれませんね。

2 想像力で選択肢を広げる

私たちは狭い世界に住むことを自ら選んでいる

一つ皆さんにやっていただきたい実験があります。これから20秒間あなたの部屋にあるいろんな青を探してください。

・（20秒後）では黄色はいくつありましたか？

青しか見ていないから黄色は全く目に入らなかったことと思います。「ずるい」「騙された」と思いませんでしたか？　だけど、それは周りに最初からあったのです。ただ自分が「見ない」ことを選んでいたのです。一つのことしか知ろうとしないと一つのことしか見えません。一つの見方しか存在しない世界では、可能性も選択肢も非常に限られています。そんな世界ではいずれ立ち往生してしまうでしょう。

逆境が襲って来たとき、心が折れそうになるのは普通のことです。そこで折れないように心を回復させるためには選択肢を増やすことです。「これしかない」という凝り固まった自分の思い込みをなくし、心を解放するには、好奇心と想像力が必要です。日常生活で「方法は他にもないかな」と子供に問いかけるようにすると、子供は可能性を広げ、選択肢を増やそうと考える習慣を身につけます。これは娘が通ったボーヴォワール校で、毎日のように繰り返された介入でもあります。

同校のカウンセラー、ジョイナー先生は次のように語ります。「子供たちは21世紀に必要なスキルを身につけていく必要があります。想像力がその一つ。これは私たちが育みたいと思っている大切な力です。教師が答えを教えるような教育では、この力は育ちません。あなたはどう思う？　これを試してみようか？　ダメだったね、だったらどうすればいい？　こうして答えを見つける想像力と、ダメかもしれないけれどトライする勇気が21世紀には必要なのです」

今すぐ家庭でできること

想像力と選択肢でレジリエンスアップ！

「宝探し」メンタリティを育てる

九州から北海道までの行き方を何通りご存じですか？　もし飛行機しか知らなかったら、飛行機が欠航しただけで道は閉ざされます。だけど電車、バス、船、車、自転車、ヒッチハイク、歩く、と言う可能性を考えられるとしたらどうでしょうか？　選択肢は広がります。お子さんは九州で立ち往生ではなく、きっと何とかして北海道にたどり着くことでしょう。いろんな行き方を想像すれば可能性や選択肢が広がります。反対に想像力がなければ、可能性も選択肢も生まれません。「これしかない」と凝り固まって自分の知っている世界でしか物事を考えられないからです。そんな子は九州で立ち往生のまま。そして八方ふさがりの中、心が折れそうになるのです。

ですから一つの道が塞がれていても、別の道を探すメンタリティを育む手法は、レジリエンスを重視するアメリカのエリート校で広く実践されています。

宝探しメンタリティを育てるための質問

・それはいい方法ね。別のやり方はあると思う？　何種類考えられる？
・こんなふうにしてみたけど、あなたならどうする？
・もっといいやり方はあるかな？

アートという限界のない世界の力を利用する

娘の幼稚園を探していたときに、私がどの学校でも一番にしたことがあります。それはアートルームを覗くことでした。アートは限界のない想像の世界です。もしそこで制約のある授業がされていたとしたら、子供の想像力も好奇心も育たないと思ったからです。

全部で7校見学に行きましたが、その中の1校にアートルームを見ただけで帰って来たところがありました。なぜかというと廊下に貼り出されていた子供たちの作品に使われていた羽の色と数、ビーズの種類と色、クレヨンの色が全て同じだったからです。

与えられたもので作りなさい。そこから想像力を伸ばすという考え方でしょうが、アートは自分の想像力を解き放つ（Unleash）ことのできる空間です。いわばいろんな実験が可能な場所なのです。そんな中で、子供はいろんな可能性と選択肢を学んでいきます。制約のあるのが世の常。だからせめて、アートの世界だけは自由であって欲しいと思います。

ちなみにボーヴォワール校はアートの教育でも有名なのです。とにかく子供たちが嬉々としていろんな作業に没頭しています。そこでは羽の数もビーズの色も決まっていません。決まっているのはテーマだけ。あとは子供が自分でそれをどう表現していくかを考えさせ、そして形にさせます。また娘がその後に通ったナショナル・カテドラル校ではアートが必修で、必要な単位を取らないと卒業できませんでした。

それを家でも実践しようとアートルームを作りました。いろんな色の画用紙やクレヨン、その辺にあるものを何でも置いておきました。でも最終的には娘がいろんなものを持ち込んでいつの間にかダンスルームのようになっていましたが。

ただそれも、可能性と想像力のなせる技ですよね。

ここで大切なのは、汚しても叱らないことです。お洋服に絵の具がついても壁が汚れても、その空間だけは子供に与えたものだから自由に使っていいのです。だけど、これは別に部屋でなくてもいいのです。

これは友人のアーティストの話ですが、お子さんが生まれて動き回るようになると、アートで使っている材料を間違えて飲み込んだりしたら大変だと思うようになりました。そこで彼女がしたことは、本来ならお子さんを入れておくプレイパンという大きめの囲いの中に自分が入ることでした。そこが彼女のアート制作場となったのです。やっぱりアートは可能性と選択肢を広げますよね。こんな逆転の発想まで可能にするのですから。アートルームは部屋でなくて大丈夫です。ちょっとの囲いを作ってあげて、お子さんが自由に使える場所であれば何でもいいのです。そこは何でもしていい空間です。

我が家の場合はアートルームでしたが、**何かしらのクリエイティブなお稽古を取り入れると、お子さんの想像力を形にする良い機会になるかと思います。自分が想像したことが形になるように試行錯誤することでもっと好奇心が増し、ますます想像力と可能性が広がります**。

ダンスや演劇などのパフォーマンス系やサイエンスにお料理など、お子さんの興味に合わせて試してみてはいかがでしょうか。

3 良好な人間関係を築く

レジリエンスを考えたとき、良好な人間関係は見過ごされがちな要素ですが、実はこれは最強のレジリエンスアップの鍵でもあるのです。事実、ハーバード大学が75年にわたった調査の結果で、人を幸せにする一番大切な要素は、良好な人間関係だと結論付けています。

私は福島県の小さな町で育ちましたが、父、母、弟、祖父母、近所に住む2人の叔母、叔母の友人たちとその家族という具合に、我が家にはとても素敵な愛のコミュニティーがありました。普段は家族だけで食べている夕食が、いつの間にか10人、20人の大所帯になっていることもよくあったし、笑いに満ちていました。そして忙しい母に代わって、私には祖母、叔母など他に安心して話をできる大人が周りにいたのです。

素朴な土地柄、地域の人が秋は芋煮会などをして、一緒になってコミュニティーを作っていたことを覚えています。

そんな環境で育った**私が最優先させたのは、まずは良好な家族の絆を作ることだったのです。そのために我が家が実行したことは、毎晩一緒に夕飯を食べることでした。**

今すぐ家庭でできること

良好な人間関係でレジリエンスアップ!

毎晩夕飯を一緒に食べる

これは私のママ友全員がしていることのようです。例えば、3歳の男の子を育てている経営コンサルタントのジェニファーは、「家族の時間を大切にしているのは、息子に自分は愛されているという気持ちを実感して欲しいし、それから安全も感じて欲しいからです」と言っています。彼女は6時きっかりに仕事をやめ、ご主人も6時には帰宅するようにしているそうです。それからお子さんが眠りにつく8時半までの2時間半はメールも電話もなし、を徹底しているとか。「夕飯の時間は家族がつながれる大切なときです。そこは友人関係や学校のこと、仕事のことなどを忘れてとても安全でいられる場所なのです。だから夫も私も息子との夕飯を家族の習慣にしています」

学校関係のボランティアに走り回るステファニーは3人のお子さんを育てていますが、この時間はお互いの声を聞いて、顔を見て、確認し合う大切な時間になっていると言います。忙しいときは5分でもいいから必ずみんなでテーブルを囲むそうです。

起業家で2人のお子さんを育てているシングルマザーのマイは、毎晩のお夕飯の他に毎週20分間、それぞれの子供とママとのデートを習慣にしているそうです。「シングルマザーは本当にやることがたくさんあるから、子供との有意義な時間を過ごすのが難しいです。だけど、毎週1人の子供につき20分の Mommy Date は、私と子供の貴重な時間になっています。本を読んで欲しいと言う子もいれば、散歩に行きたいと言う子もいます。そして私は、自分の全てをその子に集中させます。たった20分。これならやろうと思えば、誰でもできるのではないでしょうか？　大切なのは量ではなく質です」

毎週20分ならどんなに忙しくても作り出せそうな気がしますし、作り出さないといけないと思ってしまいます。

私の母は自営業のため朝晩忙しく、家族がほとんど一緒に食事ができない家庭でしたが、それでも母は毎晩10時から「お茶の時間」を作ってくれました。一緒にお茶を飲みながら、その日の出来事などを家族で話し合いました。確かにその時間は勉強・部活・友人関係や悩みなど忘れていられるひとときでした。こんな工夫でも、家族の時間は生み出せるのです。ママ友の中には、朝ごはんが一緒というご家庭もありました。

一緒にいなければわからない、一緒にいるからこそ育めるレジリエンスもあります。我が家の娘は今大学生でニューヨークに住んでいます。そんな我が家の家族一緒の時間も、毎晩の夕飯から形が変わりました。「ホリディーは必ず一緒に祝う」——それが我が家の今の形です。

安全地帯を確保する

子供がいつでも安心して、無条件で帰ってこられる「安全地帯」を作っておくことは、第2章の自己表現力と同様、レジリエンスに不可欠です。安心して帰れる場所がある。そんな想いは子供のレジリエンスを育みます。だから親の愛に限界はない、ということを言葉にして伝えましょう。ママ友たちも「子供にとって安心して過ごせる場所が絶対に必要だ」と口を揃えて言います。

私は娘によくこう言いました。「ママはあなたとパパを必ず守る！」と。

言葉で言えない愛は態度で伝えましょう。抱きしめる、お誕生日などの記念日は大げさなくらいに祝う（風船や花でテーブルを華やかにするなど！）、そして大切な記念日は絶対に忘れないなど、そういう時間は子供が親からの愛情を確かめられるときです。

安全地帯といえば、やっぱり夫婦喧嘩はいけないだろうなと思い、ママ友で人間関係が専門の心理療法士エリザベスに聞いてみたところ、「喧嘩自体は悪いことではありません。だって意見が合わないことって人間関係では普通ですから。喧嘩は建設的で生産的ならそれは健康なことなのです。でも子供の前での夫婦喧嘩は良くありません。もし喧嘩してしまった場合は、子供たちに話して謝ることです。お父さんもお母さんも家族のためにできることを一生懸命しようとしていて、だから時々意見の食い違いがある。だけどお父さんもお母さんもいつだって問題は話し合いで解決してきたから、安心して大丈夫だよ。何も心配することはないよ、と言ってお子さんを安心させることです」。

我が家ではこれを実行しています。だって子供がいるところではダメとわかっていても、喧嘩になるときってありますものね。喧嘩してしまったら、まずはその場に居合わせた子供に謝る。これは娘が小さいときも大学生の今も変わりません。お父さんとお母さんが仲直りをしたと思えば子供は安心します。そして、家庭が子供にとって安全な場所であるためには、お父さんとお母さんが仲直りすることが必須なのです。

幸せな親でいること

親の幸福度は子供の幸福度に遺伝する、といわれます。幸せな親がレジリエンスの高い子供を育てます。けれど親である我々が最初に犠牲にしてしまいがちなのが、自分の幸せです。そこで不満を溜め込み、元気をなくしたり愚痴っぽい親になってしまうと、それが子供の心の習慣になって、一層ネガティブバイアスに拍車がかかってしまいかねません。これではレジリエンスは育まれません。

子供の幸せのためにこそ、親は何があっても譲れない自分の時間を作りましょう。

私は毎朝6時半から1時間を、誰にも邪魔されない時間として、運動、瞑想、ゆっくりとお茶を飲むなどの時間に充てました。大好きなケーキを食べるのもこの時間です（笑）。

夫も月に1回、友人たちとの会食は真っ先にスケジュール帳に書き込み、寝る前に書斎で趣味の歴史の本を読むことを習慣にしています。友人でシングルマザーのマイも

「子育てで私にとって大切なことがあります。それは自分を大切にすること。私の心に余裕がなければ育つのも心に余裕のない子供ですから」と言っています。

親だからといって、子供最優先の時間が無制限である必要はありません。「ここからはママの時間だからできなくてごめんね」ではなく、「ママの時間を認めてくれてありがとう」というメンタリティ、そんな幸福感から生まれる親の笑顔もまた、子供のレジリエンスにつながると思います。

親の「失敗」を躊躇なく見せる

親は格好悪くていいのだと思います。だから**私は自分が悩みながら進む姿を、躊躇せず娘に見せました。子供がレジリエンスを身につけるには、親が成功した姿よりも、そこに至るまでの葛藤、悩み、落胆、自信喪失など、うまくいかない姿を見せることのほうがずっと効果があると思うからです**。

私の母は学業優秀だったにもかかわらず、家庭の事情で大学に進学できず、夢だった英語教師の道を断たれました。そこで次に母が目指したのは、「塾」で講師になることでした。

そのために母は、フルタイムの仕事の傍ら、地元の中学生に交じって塾に通い、毎晩夜中まで猛勉強しました。一緒に塾に通う中学生の中には落ちこぼれていく子供もおり、「どんな子でも英語の成績を上げられるような塾を開く」という目標を新たに掲げて頑張ったといいます。そして勉強開始から5年後、念願の英語塾を開業するに至ったのです。

「今更中学生と一緒に勉強するなんて」と馬鹿にされてもあきらめなかった母の姿を、私は片時も忘れることはありませんでした。私が何の縁もなかったワシントンDCで、アメリカで低評価だったアジアの現代アートの本当の素晴らしさを伝えようと、資金も人脈も経験もゼロからギャラリーを立ち上げ、「絶対無理」と言われながらも成功まで頑張れたのは、母のそんなたゆまぬ努力を見てきたからです。

母は決して、自分に対してネガティブな表現は使わず、うまくいかないことも、どうやったらうまくいくようにできるか、そんな挑戦を辛いとは思わず、むしろ楽しんでいました。

最初の一年はなかなか生徒が集まらず、普通なら落ち込むところです。でも母はその度にチラシの色やデザインを変えたり、隣町で配ってみたりと創意工夫をこらし、めげませんでした。また最初の年はせっかく集めた7人の生徒のうち大多数がやめてしまいました。ですが、そこでも諦めることなく改善しないといけない点を改めて、3年後にはウェイトリストができる人気の英語塾に育てたのです。

だから私もいつもI can do it！ 悩みながらも前進です。子供は親の姿を見て育ちます。だからこそ、失敗から立ち上がる姿も含めてロールモデルにならなければいけないのではないでしょうか。

そして**親も本当の姿を見せるからこそ、子供との信頼ある関係が築けるのです。信頼は良好な関係のベースとなるとても大切なものです。**

他人との比較はレジリエンスを弱める

比較される環境で育ってきた私が徹底したのは、娘を他の子と比べないということでした。比較すれば自分より優れた人は必ずいるものです。比較の行き着く先は「劣等感」と「過小評価」という自信喪失の見本市。だって隣の芝生は、いつだってもっと青く見えるのですから。比較でそんな重荷を娘に課すことは絶対に止めようと思ったのです。そしてそれは良好な親子関係にも役立ちました。私と夫が娘の個性を認め、愛しているということが伝わったからでしょう。

ハーバード大学でベストティーチャー選出の経歴を持つ開成学園の柳沢幸雄校長は、

子供の成長を見るときは「垂直比較」で、という表現を使っています。子育てはどうしても「水平認識」、つまり他の子との比較をしてしまいがちだが、そこはちらっと横目で眺めておくだけにとどめ、その子が伸びている分野を褒めてやりなさい。子供は育ち盛りだから必ず伸びている。1カ月前と比べて伸びていなければ、半年、1年と遡ってみればいい。もっと遡ればオギャアと生まれたときは歩けなかったけれど、今は立派に成長したなということになる、と。

ボーヴォワール校では、その子の能力に合わせて各自にちょうどいいチャレンジを与えていました。みんなが同じわけがない、というところから始まるので、子供たちは自分のチャレンジが他の子と違っても違和感はなく、自分にとって最適のものをやっているという自覚が芽生えていました。だからでしょう、ここの子供たちは本当に比較ではなく、自分基準で自分のことを考えられるようです。そして、それは確かな自信とレジリエンスを育みます。そして比較ではなく、その子をあるがままに認めることは良好な親子関係の基本でもあります。

最後にもう一つ、レジリエンスアップの大切な要素について触れたいと思います。

「目的意識」が大切

それは「自分という存在よりも大きな目的」です。**行動すれば、必ず壁にぶつかります。そんなとき高い回復力を発揮しやり遂げるカギがこの大きな目的なのです。**

保険会社メットライフの調査によると、目的のある人はない人に比べて42％も幸福度が高かったといいます。最近ではこの「目的」の大切さをフェイスブックの創設者、マーク・ザッカーバーグがハーバード大学でのスピーチで触れています。「目的」とは自分が必要とされ、より良い未来のために日々頑張っていると感じられる感覚のことであり、「目的」こそが本当の幸福感を作るものだと言っています。フェイスブックを作る前、ザッカーバーグはゲームやチャットシステム、スタディーツールも音楽プレイヤーも作ったそうです。J・K・ローリングは『ハリーポッター』を出版できるまでに12回も断られ、ビヨンセは「Halo」を作るまでに何百曲と作った。大きな成功は「失敗する自由」によって生まれるのだ、とも。そしてその成功は自分のためだけではなく、自分よりももっと大きなものの役に立つ。

ここがはっきりしていれば、やめたくなったとき、ダメだと思うとき、その目的に立ち返り自分を奮い立たせることができます。初心に戻るという言い方もあるかもしれませんね——始めたときの気持ちを思い出す。

子供が小さなうちから、それは何のためにやっているのか？　単に自分が楽しいからではなく、家族や友達を楽しませたい、多くの人を感動させたい、便利にしたい、役に立ちたいなど、自分という存在よりも大きな「目的」を話し合う習慣をつけられれば、その目的意識は、子供が何度失敗しても立ち上がれる強さ、レジリエンスにつながるでしょう。

好きなこと、やらないといけないことをやっているお子さんにこんなふうに聞いてみてください。

何のためにやっているのか？

第4章

その子だけの「長所」を徹底的にのばす

「出る杭」という人間的魅力を身につける

第3章では回復力を高めるためのポジティブ思考の重要性に触れましたが、英語には人の心をポジティブにさせるたくさんの褒め言葉があります。Good, Nice, Great, Amazing, Fantastic, Brilliant, Cool, Incredible, Awesome, Fabulous などなど。そうしたその子の長所を伸ばすために褒める言葉を惜しみなく使います。

失敗しても「残念でした」という意味の英語はなく、Good try！（よく頑張ったね）と声をかけます。あくまでポジティブ思考なのです。

日本の場合はどうでしょうか？　他の親に「××ちゃんはすごいわね」と言われたとき「そんなことない、うちの子はもう全然ダメで……」と謙遜するのが控えめで好印象に思われがちですが、アメリカは真逆。私も自分の娘について同様のことを言われたら「ありがとう、とても頑張っているわ」と言います。反対に「全然ダメで」なんて言ったら、本当にダメなのだろうとアメリカ人なら思うでしょう。

これは文化として「褒める」「認める」ことが意識の中に根付いているからだと思います。すごいことは素直に認め賞賛する。こんな安全地帯だからこそ、子供は自分の得意なことを伸ばそうと思えるし、自信を持って自分にしかできないことに臆することなく挑戦しようとするのです。そうして優れた能力を持つ目立つ存在「出る杭」ができ上がります。だからアメリカは「出る杭」で溢れているのです。

どこか目立った所のある「出る杭」になるには、秀でたスキルと非認知能力が必要です。受験勉強ばかりでは出る杭にはなれません。

自分の好きなことや得意な分野を伸ばして出る杭になる時間を無駄にしているからです。


だけどどうして私は「出る杭」の話をしているのでしょうか？

なぜならそれこそが、これからの時代を生きる子供たちに必要なものだからです。アメリカの学校も親も、子供の出る杭を育てることに熱心です。人と違っているから強みがある。そんな社会が日本にもやってくると私は思っています。それも実に近い将来に。すでに点数主義から移行し、子供の強みを合否の参考にしているアメリカの場合を見てみましょう。

満点でもハーバードに入れない
――「出る杭」こそが問われる現代

アメリカのトップ大学は、苦手科目をなくし、満遍なく高得点を取るという試験の攻略のような勉強では絶対に合格できません。合格者は、SATのスコアの高得点順に決められるわけではないからです。SATのスコアは参考資料とし、そこである程度の学力が担保できれば、あとは「勉強以外」の部分でアドミッション・オフィス（入試委員会）が判断します。

だから満点の解答用紙であってもその人を必ずしも「出る杭」にはしてくれません。そんな人は大勢いるからです。

確かにテストのスコアは公平で客観的であり、アドミッション・オフィスによる選考は主観的で不透明です。ハーバード大学がアジア系の学生から、入学選考が不当だと訴えられている有名な事件があるほどです。訴訟内容は「高校での成績は完璧、SATも満点で、合格者と比べて自分たちは何の遜色もないのに落とされた」というものです。ちなみに2017年、全米で最難関は1位スタンフォード大（合格率4・6％）、2位ハーバード大（5・2％）、3位コロンビア大（5・8％）——かなり狭き門である上に主観的要素が加わるとなれば、訴訟沙汰になるのも何ら不思議なことではありません。

けれども私は、彼らの主観的な選考法に「アメリカの大学が何を自らのミッション（使命）と捉えているか」が顕著に表れていると思います。彼らがミッションとするのは、テストで高得点の取れる優秀な子供を一律に集め、さらなるレベルアップのために勉強させるのではなく、**人の気持ちに寄り添い、社会の問題に心を寄せて世の中を牽引していける魅力的なリーダーを輩出すること**です。そのためにはあらゆる分野、立場の子供たちが集まり、お互いを刺激し合って全体を発展させていくという「多様性」を創り出すことが大学の重要な役割であると考えています。その子にどんなフック（Hook）、つまりその子の中に輝く個性があるか、「出る杭」が何であるかを最重要視するのです。なぜなら、そんな「出る杭」が社会の役に立つからです。

アメリカの教育が大切にする「多様性」とは、生徒をくじ引きで選ぶという行き当たりばったりのものではなく、構造的多様性、つまりその学校にとって、生徒同士にとって、どのような構成が最も刺激的で発展性があるかという観点で、熟慮に熟慮を重ねた上で作り上げられるものなのです。だからこそ共通テストで満点を取れる人はほんの一握りでいいのです。そしてもし勉強しかできないなら天才レベルの学力が求められるでしょう。結局共通テストの満点だけでは強みにはならないのです。アイビーリーグの大学には、毎年4万人以上の受験者から願書が届きます。そこからたったの1500人弱を選ぶのです。その中では、「出る杭」でなければ見えません。出る杭という輝く個性がなければ「見えない」人なのです。見えない人である限り、箸にも棒にも掛かりません。

これからは「ホリスティック・アプローチ」の時代

アメリカの大学が採用するのは、ホリスティック・アプローチという多面的総合評価です。入学者の選考の際、学校の成績やSATの結果、推薦状に加え、どんな人物か、どんな考えを持っているかを含めた多面的な評価を重視します。

そのためにはエッセイ、課外活動の状況などを参考資料とし、生徒の資質と大学が求める人物像が合致するかどうかを見極めます。各大学には入学者選抜を専門とする担当者がおり、世界中から何万通と届く入学希望者の出願内容を多面的に審査しています。こうして**大学側はその子の学力の他に、強みと非認知能力を探っているのです**。

訴訟問題で注目されるハーバード大学は、求める人物像を「我が校に貢献できる人物、そして、人生を通して社会の役に立つ人物である。それゆえ、学力も重要だが、人格や個性、特技、様々な分野にわたる卓越した才能、家庭環境、我が校をいかに活用できるかを考慮に入れる」としています。

その結果として生み出される構造的な多様性ですが、ありとあらゆる優れた「出る杭」を持つ人を1カ所に集めることによって、お互いが切磋琢磨して刺激し合い、ますます成長していく。それが多様性の本質です。同じ人はいらない。だから優れた長所のない人はこれからの多様性社会の中では優先順位が低いのです。

例えばホームレスも大切な「出る杭」で、多様性の一部です。だからトップの大学は、ホームレス用のシェルターで生活する高校生をこれまで何人も合格させています。

ホームレスで大学受験の準備をするのは並大抵のことではありません。何しろ今は全てオンラインですから、コンピューターの確保からして大問題です。こう言った状況下で願書を出すということは、その思考力と非認知能力の高さが評価されるわけです。そして、その能力は多くの人を刺激する。だから、こんな多様性を持つ学生を入学させることで、大学の学生全体の利益となるともいえるのです。

変わりゆく日本は止められない

実は、日本がすでにホリスティック・アプローチに向けて進み始めたことは、国立大学協会が2020年の入学者選抜改革に合わせ、AO・推薦入試の枠を入学定員の3割に広げるという目標を掲げたことからも見て取れます。

大学の次に訪れるのは就職ですが、ここでも今までの「いい大学、いい企業、一生安泰」という価値観を揺るがすニュースが続いています。就職ランキングベスト5に入る大手銀行が、大幅な人員削減を発表しました。三菱ＵＦＪフィナンシャル・グループは今後10年で過去最大となる1万人規模、全社員数の約7％を削減。みずほ銀行は今後10年で全社員数の約3割強を削減するとしています。終身雇用なんてもうずっと昔の話です。

世界だってそうです。「今後10～20年程度で、アメリカの総雇用者の約47％の仕事が自動化されるリスクが高い」（オックスフォード大学マイケル・Ａ・オズボーン准教授）、「２０１１年度にアメリカの小学校に入学した子供たちの65％は、大学卒業時に今は存在していない職業に就くだろう」（ニューヨーク市立大学キャシー・デビッドソン教授）。それを証明するようにすでにこの20年間で、ヤフー、楽天、グーグル、フェイスブック、YouTubeといった新しいビジネスが世界を席巻しています。ＡＩの普及は「人間から仕事を奪っていく」ともオズボーン准教授は言っています。そして人生１００年時代がもうそこまで来ています。

1 「出る杭」の持つ人間的な魅力

こんな社会で生き残れるのは、ミスなく満点を取れる大勢の一人でしょうか？　それともユニークな輝く強みを持った人でしょうか？　**その人だからできる、その人にしかできない、そんな強みのある人は、自分に自信を持つこともできます。そして自信はいろんなところに、その人の可能性を広げてくれるでしょう。**

「出る杭」は即座に仕事に結びつくものでなければならない、というものではありません。その人を際立たせる何かでいいのです。そんな輝く何かがある人には、満点しか取れない人と違って、人を惹きつける魅力があります。それは人間力のようなものでしょうか？　なぜなら、「出る杭」を育てるには、いろんなことを乗り越えないといけないからです。自信、回復力、責任感、やり抜く力、主体性、パッションなど、実際の特技に合わせて鍛えられた非認知能力が、その人の魅力となっていくからです。

皆さんも振り返ってみてください。素敵だな、と思ったのはどんな人でしたか？　もっと知りたい、と思ったのはどんな人でしたか？

あなたが会社の社長だとしてカットするのはどんな1万人ですか？

今までの価値観では乗り遅れてしまうのではないでしょうか？　それでもお子さんには「出る杭」になって欲しくない、と思いますか？

私は娘の「出る杭」を応援した母親です。そしてわかったことですが、子供の「出る杭」を発見し、育てるには、絶対的情報量の多い親の介入が不可欠ということです。ここでお子さんの「出る杭」となる長所（好き、得意、上手）の見つけ方をご紹介します。娘の学校の先生方が実際に採用していた方法で、ご家庭でも簡単に実行することができます。

今すぐ家庭でできること

「出る杭」力アップ!

観察のなかで子供のパッションを見つける

ママ友の一人、ティーン問題専門メディアの編集長を務めるジュディ曰く「親の仕事は子供のパッション(好き)をゴールに導く手伝いをすることだと思っているから、私は子供たちが発する興味のシグナルを見逃さないように観察しました。この子たちが興味を示すのは何だろう、この子たちの好奇心を刺激するのは何だろう。そして私は子供たちにいろんな質問をしたのです。まるでインタビューみたいに、この子が何をやりたがっていて、そのためには何が必要で、という具合に」。

特技となるような「出る杭」は1日では育ちません。続けないといけないのです。そして続けるときに大切なのは、好きであること。ですからボーヴォワール校でもプロジェクトなどは、全て子供の興味に合わせて決めていたのです。

できないことや苦手なこと、親から押し付けられたことを苦しんでやっても続きません。うまくできるわけがありません。できても所詮アベレージ、人並み程度です。それでは「出る杭」は育ちません。だからこそお子さんのパッションを見つけることが大切です。

クレアモント大学院大学のチクセントミハイ教授は、20世紀を代表する心理学者の一人です。彼は、自分の心理的エネルギーが淀みなく連続し、集中力が１００％注ぎ込まれ、楽しい感覚が生み出される状態を「フロー体験」と呼び、この状態にある間、人は時間の流れを忘れ、ひたすらそのことに没頭し、高揚感に包まれると言います。「フロー体験」をしているとき、人は自分自身の能力を最大限に発揮するため、そのプロセスを通じて、自分の能力そのものと、より複雑なものへと取り組む力が向上します。これを繰り返し行うことによって、その能力が成長していくのです。そしてフロー体験への入口は、パッション（好き）です。

子供をよく観察していると、「フロー体験」をしている瞬間がどんな子にも必ずあるはずです。その瞬間を見逃さないこと。これが子供の「出る杭」を育てる上での最大のポイントと言えます。観察のポイントは次の５つです。

パッションの大切さ

パッションはとても大切な非認知能力ではないかと思います。「好き」があるから自

図6 観察メモのポイント

1. 子供が時間を忘れて最高に集中しているのは何をしているとき？
2. 子供に「努力している」という自覚がないのはどんなこと？
3. 子供がどんな話題をよく取り上げるか？　好きな話題は何か？
4. 子供が親や先生に言われなくても自分から進んでやるのはどんなこと？
5. 嫌いなことはどんなこと？

分に対する思いもポジティブになるし、やり抜く力が出る。パッションがあるから今日も頑張るぞと思える。生きがいという言葉にも置き換えられるかと思います。

好きなことに時間を使ってしまったら勉強に使う時間が減ってしまう。私はそんな環境で育ったのでそういう心配はよくわかります。でも、どうしてそんなに子供が好きなことを見つけることが大切なのでしょうか？　幼稚園入園のときから、学力に合わせて心の強さを鍛える教育を選んだ友人たちの言葉を引用します。

「知識を詰め込まれてテスト勉強だけしていれば、満点だって取れるでしょう。だけどパッションが子供を Whole Child（人生における長期的成功の素質を育まれた子供）にしてくれると思います。パッションが彼女の人生を支えてくれると思っています」（メレディス、芸術団体の奉仕活動に奔走する2児の母）

「子供を見ていて感じるのは、パッションがあれば自分に対する思いがポジティブになって、自然と他のこともよくできるようになるようだということです」（エリザベス、心理療法士）

「出る杭」ということだけでなく人生100年時代だからこそ、子供の頃からパッションの大切さを教えてあげたいと思っています。

娘のパッションはバレエと数学でした。娘は貧困層が多く住む町でバレエを教えるボランティアをしていました。そこでバレエを習っている子供、特に女の子に算数が苦手な子が多いと知った娘は、楽しいバレエを通じて数学の楽しさを伝えられないかと知恵を絞りました。実は、バレエは動きが丸や長方形、あるいは対角線といった幾何的要素を持つと同時に、踊りは全てカウントで決まるので、「バレエを踊りながら算数を学べる」というクラスを作ったところ、子供たちから算数への苦手意識がなくなり、楽しんで勉強するようになりました。

娘は「学校なんか辞めてプロのバレリーナになりなさい」とバレエの先生から言われると「私は数学者にもなりたい」と言って先生を驚かせていました。「バレエと数学というのは私にとって完璧なパ・ド・ドゥ（デュエット）だ」と。

こんなふうに、複数のことにパッションを抱いていたら、そのパッションを組み合わせることでさらにユニークな「出る杭」が生まれます。**勉強に支障があるからという理由で、子供がパッションを感じ、「フロー」状態になれるようなクリエイティブなことを否定しては大きな損失です**。

ちなみに娘がコロンビア大学出願の際に書いたエッセイは、この2つのパッションの融合に関してでした。また全米最優秀女子高生としての一年間の活動も、バレエを通しての算数レッスンというボランティアを中心にしたものです。

パッションはその子に素晴らしい出る杭を授けてくれるだけではなく、人生に幅と深みも与えてくれるのです。そしてパッションの探し方を知っていれば、人生１００年、何歳になっても自分でパッションを探し求めることができます。それってとても楽しい人生なのではないでしょうか。

パッションを否定されたら子供の心には深い傷が残る

ボーヴォワール校時代のママ友の一人、ジュディは、ティーン問題専門メディア「ペアレンツインサイダー・ドットコム」の編集長ですが夫は外科医、子供は3人で全員ボーヴォワール校の卒業生です。私の娘と同じ年の長男はエール大学に進学するなど、3人それぞれが全米でもトップランクの大学に進学しました。そして今、彼女の長女はテネシー州のナッシュビルで、シンガーソングライターをしています。

私はジュディに、3人の子育てに際して「あなたは勉強できるのだから、お父さんのような医者になりなさい」と言ったことはあるか、と尋ねたことがありました。それに対して彼女はこう答えました。

「ミケランジェロが『彫刻を作っているのではなく、石から自然と湧き出る形を解き放っている』と言ったように、私も子供たちの中から湧き出てくる『自分らしさ』が大切だと思っているわ。子供たちは『自分』でなければならないから。子供は、6年生～8年生（日本でいう中学生）くらいから、より顕著に自分らしさを発揮していくので、私は子供たちが発する『興味のシグナル』を見逃さないように観察したの。この子たちが興味を示すものは何だろう。この子たちの好奇心を刺激するものは何だろうって。私はそのために、子供たちにいろいろな質問をしながら、とにかく子供たちの話を聞いたのよ」

そこで娘からは、音楽の才能に恵まれ、強い好奇心を持っていることに気づかされたといいます。父は医者、母はジャーナリスト。娘が全く違ったエンターテイメントの世界に行くということに、親として全く異論はなかったのでしょうか。ジュディの哲学はこうです。

「親の仕事は子供のパッション（好き）をゴールに導く手伝いをすること」だと。

ジュディは娘に尋ねました。音楽で何をやりたいのか、そのためには何が必要かなど、親としてできることを探したのです。「大切なのはパッション。パッションがあることを否定され、親が無理やり別の方向を向かせたら、その子には深い傷が残るでしょう。子供が『自分らしく』あるために、何にパッションを感じるか、そのためによく子供の話を聞いてあげることが親の務めだと思っているわ」

その子が**その子の持つ能力と魅力を最大に発揮するためには、子供を型にはめるのではなく、その子のパッションを応援することが大切です。そして好きなことに没頭できるから心もポジティブになり、回復力も高まるのです**。パッションはその子を際立たせるだけではなく、高い回復力を育てる鍵でもあるのです。

子供の得意を見つけてあげる

得意なことは、実は非常に見つけにくい子供の長所です。というのも、努力しなくてもできてしまうものであり、簡単にできてしまうために特に好きということを意識しないからです。それに子供も親も慣れてしまっていて、この隠れた長所に気がつきにくいのです。ですが、得意なことはとても強力な出る杭になるのです。発見するためにはこんな質問をしてみましょう。

①「こんな簡単なことをどうしてみんなはできないの?」と子供が感じることは?
②他の人が自分の子供を表現するときに使う形容詞は?
③親から見て上手にできると思うことは?
④苦手なこと、避けようとするのはどんなこと?

親が陥りがちな観察の落とし穴

子供の観察には落とし穴が一つあります。それは見ているようで実は何も見えていない危険があるということです。私もその落とし穴にはまった一人です。例えば我が家のアートルームですが、これはアートを通して空想したり作ったりすることで創造性と想像性を育てることが目的でした。何しろこれは「アートルーム」ですから、私には娘がアートを作る部屋という凝り固まった考えがあったのです。

だから実際は、音楽のないアートルームで画用紙に絵を描くよりも一人で踊っていることの多かった娘を見て、ちょっと不甲斐ない思いをしたものでした。ですがこれは大間違いでした。

娘のパッションはお絵かきではなく踊ることだったのです。自分の仕事がアートということもあり、私の心はどこかで閉じていたのでしょう。子供が自分の期待するものに興味を示さなかったとしてもがっかりせず、心をできるだけオープンにして観察することが大切だという教訓でした。

何も好きなことがない？ そんなときは「好き」を見つける機会を増やすこと

スティーブ・ジョブズの伝説となったスタンフォード大学の卒業式でのスピーチで、彼は「好きなことが見つかっていないなら見つかるまで探せ」と言っています。誰かの人生を生きるのではなく、好きなことを見つけて自分の人生を生きろと。好きなことは探さなければ見つからないのです。どこかから忽然とある日突然降ってくるものではないのです。お子さんが「好き」を見つけられるように、観察以外に親にできることがあります。それはたくさんのいろんな機会を与えることです。

ママ友でコンサルタントのジェニファーは、今、3歳の男の子の子育て中ですが、サッカーを習っていた息子さんを練習に連れて行くのをやめることにしたそうです。

「知人で息子をサッカー選手にしたい人がいるのですが、その子はサッカーが苦手で大嫌い。それなのに彼女はやっていれば上手になるからと無理やり引っ張っていきます。私の息子も同じチームで練習を始めたのですが、私の息子はどうも好きじゃないみたいなのです。だから今、新しくトライできることを探しています。好きという気持ちは押し付けではなく、子供から発信されなければなりません。だから私はいろんな機会を見つけてきて、もし息子が興味を示さなかったら次に移ります。そして息子にはあらゆる機会に対してオープンであって欲しいと思っています。とりあえず次は水泳かな」

我が家もそうでした。娘がバレエに落ち着くまで実に15を超えるお稽古事を試しました。ピアノ、器械体操、陶芸、水泳、スケート、テニス、ミュージカル、スキー、サッカー、バスケットボールなどなど。とにかくいろんなことを試す。そしてその機会を与えられるのは親なのです。選ぶのは子供ですが、機会がなければ小さな子供は選ぶことができません。ここでも自分で選ばせることによって、主体性などの非認知能力を伸ばすことができます。

習い事の始め方と辞め方のルール

「出る杭」を見つけるために、娘は小学校6年生でバレエ一つに落ち着くまで、15以上の習い事を経験しました。3カ月と続かなかったものもいくつかありました。その中からバレエとスキーに、彼女の「フロー体験」がありました。

習い事を始めるにあたり、我が家では一度に2つまでと限定して子供に選ばせました。習い事の数を限定することで、嫌いなことや自分の弱点を使わないといけない内容は、子供が自ら自然と遠ざけるものです。始めるときは家族の総意で「期間」を決めます。

この試行期間の期限が来るまでは、自分で選んだことの責任として、たとえ面白くなくてもその習い事を全うしなくてはなりません。どうしても嫌なものなら、期限が切れたときに辞められます。反対に続けたければ期間を延長できます。このように始め方、辞め方にルールを設けることにより、やめても期限までやりきったという達成感を得ることが大切だと思います。
この始め方と辞め方のルールは、娘の中で責任感という非認知能力を育てました。

子供が自分で自分の好きなことや得意なことを発見したら、次に親ができる「インターベンション＝介入」は好きを真剣にやらせる、「出る杭」が育つ環境づくりです。

2 「好き」を真剣にやらせる環境づくり

6つのコツ

「好き」なことが見つかれば、「真剣」に取り組ませることです。出る杭になるようなものは1日では育ちません。真剣に続けることが大切です。

親から「やりなさい」と言われなくても続けられるかどうかがポイントですが、実は、親が「自分からやれる子」に仕込めるコツ、つまり子供を「フロー」な状態にできる環境づくりがあります。

❶ 適度な期待をかけること

上手になるためにはやるしかない。けれど、やれば必ず失敗があります。そこで親ががっかりしたり批判的になると、子供はどんなに好きでもやめてしまうことがあります。子供の心はまだまだ傷つきやすいのです。だからこそ、子供が安心して行動できる精神的な安全地帯を作りましょう。

ボーヴォワール校のホリー・ジョイナー先生は、同校での10歳までの初等教育で子供に一番大切なこととして、「愛されていること、安全であることを実感させること」と述べています。子供たちの脳は、愛されていない、安全ではないと感じると機能しなくなる。これは多くの研究結果に裏付けられている事実だとジョイナー先生は言います。

「安全とは子供たちの存在が大切にされている、リスクを取っても大丈夫だと思える、感情を脅かされない、自分の好きなことを探せる、失敗できる場所です。つまり子供の『心』が安全だということです」

子供が安心して頑張れる安全地帯を作り出すためには、親は過度の期待ではなく適度な期待を口にすることです。そのときに我が家で注意したのは、娘が自力で到達できるゴールを励ますことでした。

例えばバレエの主役ですが、「主役になれるといいね」とは実は言わなかったのです。それは期待していましたが、これは選ばれないとダメです。どんなに自分が頑張ってもそこには他者の意思が介在しますから、選ばれないかもしれないのです。

代わりに我が家では「今度の発表会までにピルエットが5回できるようになるといいね」というように、自分が頑張れば到達可能か、かなり頑張れば可能な期待を口にしました。

そしてよくできたことを褒めてあげるようにしました。

❷ 即座にフィードバックがあること

今自分がやったことが良かったのか悪かったのか、正しいのか否かなど、フィードバックがなければ不安になったり、やる気を失くしたりします。だって誰でも自分のことやその行為を認めて欲しいのですから。自分の行動に興味を持ってくれる人がいる。そんな想いは好きを続ける力となります。

第2章の認める力のところで触れたように、私は娘を褒めるとき、どこが良かったかの他にもう一つ、改善の余地がありそうなことも具体的に伝えるようにしています。それにより、娘が次のステップでどの方向へ向かえばよいかのサポートになるかもしれないからです。

エリート校では少人数が基本で、初等教育では10人が1クラスで先生やアシスタントが2、3人付くという手厚い環境です。**先生も親も「子供を観察するのが仕事だ」と言い切る**ほど、この子は一体何が好きなのか、どんなことにパッションを感じるのか、どんなことが得意なのかをよく見ています。**常に注意深く見ているからこそ、即座にフィードバックができる**のです。

❸ 責任範囲を明確にすること

好きなことを続けるためには制約条件を明確にすることです。例えば、学校とレッスンを両立させる、成績がここまで下がったらバレエは休む、夜は必ず12時までには寝る、など。子供が好きなことを続けるには、親にも責任が生じます。お互いに責任を果たすための制約条件を明らかにすると、子供に好きなことを続けるための責任感が芽生えます。

娘はワシントンDCにある有名なワシントンバレエ団のスクールに通っていました。主役を務めることもあり、立派な劇場に出演する機会に恵まれていた最中、娘がバレエスクールを変えたいと言い出したことがありました。ワシントンバレエ団のスクールは家のすぐ近くにある利便性もさることながら、当時プロを目指す上で、実際の大舞台に立てるチャンスも多いというのに、なぜ娘はここまできてやめたがるのか、私には正直全く理解できませんでした。彼女の気持ちを聞くまでもなく「近い方がいいじゃない」と言いました。

ですが娘はロシアのワガノワ・メソッドを身につけたいと言い、そのためには別の教室に移る必要があると。そこで私が娘に出した条件は、送迎は片道1時間までの範囲で理想の先生を自分で見つけてくることでした。私もアートの仕事があるため、それ以上の時間はとても無理だったからです。

最終的に娘が選んだ場所は、制限目一杯の片道1時間の郊外にある雑居ビルの2階の生徒数10人の新興のお教室でした。400人もの生徒が通うワシントンバレエ団の建物とは雲泥の差がありました。けれどもそこは、ロシアや東欧で活躍したロシア人の先生の下、皆、本格的にプロを目指し、学校へは通わずオンラインで勉強し終日バレエの特訓に励んでいるところでした。そんな中、娘は進学校に通い、ハイレベルな授業とハードな課題をこなしつつ、この厳しいロシア人の先生のレッスンに励みました。

朝8時から午後2時45分まで学校。その後はバレエスタジオに直行で3時半から6時半までレッスン。そして7時半に帰宅して夕飯、宿題。12時までには就寝。朝は3分で用意して夫が車で送っていたので睡眠時間は約8時間。そう話すと学校の先生は本当に驚いていました。というのも、ナショナル・カテドラル校の勉強は大変で、発展（Advanced Placement）クラスを取っていた娘には宿題も多く、よほど時間を効率的に使わないと睡眠時間はかなり少なくなってしまうだろうと、周囲から心配されていたからです。娘は宿題の多くを往復2時間の車の中でやっていました。**好きなバレエを好きな教室で続けるためには、学生の責任である勉強はきちんとやる。時間がないなら、どうやってその限られた時間の中でいかに効率的にやるか。**時間を効率的に使うのも実行機能の大切な要素ですが、そんな能力も自然と高まります。親である私にとっても、今まで往復10分だった送り迎えが往復2時間になり大変でしたが、好きなことを続けるために娘が責任を果たしているのだから親である私も自分の責任は果たさないと、と感じたものでした。

学業と家からの距離という制約条件がある中で、娘はむしろそれをバネに最大限の集中力を発揮していたように思います。それも好きを続ける力となったようです。

④「今」にフォーカスすること

子供が最終的な結果を意識せず、目の前の目標に集中し、それに全身全霊で取り組むことを応援してあげます。これにより、子供の心理的エネルギーは、コントロールできない将来ではなく、今、コントロールできることに真剣に取り組むように作用し、その心理的エネルギーの集中が、次のステップの目標を創り出していきます。将来の社会的成功ばかり強調して、子供が今、直面していることに親が関心を示さないのは良くないばかりか残念なことだと思います。自分の子供の成長を知る大切な機会を失うことになるのですから。

ボーヴォワール校からのママ友は皆、このスタンスでした。子供たちは結果的にアイビーリーグをはじめとした名門大学に進学していますが、誰一人、××大学を目指せ、などとは口にせず、子供がそのときに夢中になっていることを全力でサポートしていました。料理が大好きなある男の子の母親は、息子がカフェでのアルバイトに精を出すことにとても協力的でした。「あんなにバイトばっかりして、大学受験は大丈夫なのかな」と側から見て思ったくらいでしたが、結局、レストラン経営などを学べる、ホテル学で有名なアイビーリーグの大学、コーネル大学へと進みました。「今」にフォーカスして好きなことを続けていると、それは確実に力となっていくのです。

実際我が家でも大学受験の話は高校2年生時にSATのために塾に行ったときに初めて話したくらいです。

5 チャレンジとスキルのバランスが取れていること

スキルに対して簡単すぎれば退屈であり、逆に難しすぎれば不安を感じることになります。子供がクリアできる程度の、なおかつ退屈しないようなチャレンジを次々に用意していくことが大切です。このためには、常に子供のスキルのレベルを把握し、目の前の目標にどのくらいの難しさを感じているかを注意深く観察することが求められます。その子に合ったチャレンジを与える。これもボーヴォワール校が毎日のように実践していた介入です。**「フロー状態」を感じられるのは、チャレンジとスキルのバランスが取れているとき**です。チャレンジもスキルが上がれば退屈になり、チャレンジが難しすぎると不安になります。退屈と不安を行き来しながらフロー状態を創り出せれば、子供はモチベーションを高め、「自分からやれる子」としてぐんぐん成長していけます。娘はバレエ学校を変わって、またフロー状態を経験できるようになったようです。そして「Young America Grand Prix」というアメリカで一番権威のあるバレエコンクールに出場する機会も手に入れ、決勝まで行くという経験をすることができました。

6 「楽しいことばかりではない」と教えること

世界を股にかけ金融業界で活躍するママ友のローラ。彼女は自分の子供たちに、「好きなことをするのはいいけど、好きなことをするって全てが楽しいとは限らない」と言い続けたといいます。

例えば家の掃除は楽しくないけれど、そこがきれいに片付いた空間になれば幸せな気分になれるように、プロセスの全てが楽しいとは限らないけれど、結果に到達したときには幸せを感じられるものよ、と。

特に子供には、成功した結果ばかりに関心が向き、その陰で血のにじむような努力や、単調だがひたむきな訓練の積み重ねがあったことなどは目に見えないため、なかなか理解できない場合が多いものです。

ローラの掃除のたとえ話は子供にも伝わりやすく、私も娘に幾度となく説明してきました。バレエでもけして楽しいとはいえない、シンプルなレッスンを日々欠かさず行うことが、舞台での成功につながっていく。世界的ベストセラーとなった『天才！　成功する人々の法則』の中で、高名なジャーナリストである著者のマルコム・グラッドウェルは、何かのプロになるためには1万時間かかると、スポーツからコンピューターまであらゆる例を使って説明しています。大きな成功には時間がかかるのです。好きこそもの上手なれと言いますが、それは楽しくないことも好きなことのためならやれるからです。出る杭になるような能力は1日では育ちません。

3 「出る杭は打たれる」という恐怖を克服する

とはいっても日本では「出る杭は打たれる」という諺にあるように一般的に目立ちすぎると叩かれる傾向にあります。「好き・得意・上手」を伸ばせば出る杭になります。だから「こうあるべき」に囚われ、「違ってしまう」ことを恐れて、何の強みもない「その他大勢」に甘んじてしまう。そんな気持ちはよくわかります。私もその一人でしたから。

アメリカで暮らしていてわかったことですが、アメリカにも何か新しいこと、ユニークなことを始めようとしたら、それをバッシングする人は必ず現れます。ただ、そこでへこたれなければ、その先に成功があることを彼らは子供の頃から信じているのです。

私がアジアの現代アートギャラリーで、大方の予想に反し成功してしまったときも叩かれました。ですが、そこで気がついたことがあります。それは叩かない人もたくさんいるということです。そして叩かれるのはそれほど悪いことじゃない、とも。叩かれてもそれ以上に応援してくれる人がいるから凹んではいられないし、凹まない。そんな発見がありました。そしてアメリカの子供たちは、小さい頃からそんなことをよく知っているのです。だから臆せず「出る杭」になろうとするのでしょうね。

私は最初の30年を「出る杭」の恐怖の中で生きてきました。だからこそ、娘には「出る杭」になる恐怖を抱かせないようにしたのです。自分の能力を最大に伸ばして欲しかったからです。

子供が成長期に逃したチャンスは二度と戻ってきません。

娘に「出る杭」の恐怖を感じさせないよう私が実行した方法をご紹介します。

「逃したチャンス」という考え方を持つ

娘とボーヴォワール校で同学年だった、ジャーナリストのジュディの息子は、現在エール大学の1年生。エール大学のようなトップの大学は、SATで満点を取った子だけでいくつもクラスが作れるくらいだといいます。しかし大学側が求めているのは、勉強ができるという資質だけではなく、それぞれに何か特別なものに突き進めるパッション（好き）や主体性、想像力、レジリエンスなどの資質です。彼のパッションはスポーツで、ワシントンDCで優秀アスリートにも選ばれるほどです。夏休みも放課後も週末も、いつでもラクロススティックを持ち歩いていました。

母親のジュディは言います。

「テストで高得点を取るための勉強に時間を費やせば、その時間にできたかもしれない様々な機会を逃してしまう。これは『逃したチャンス（Lost Opportunity）』よ。グローバル化、多様化が進む社会だからこそ、我々のような親はもっと大きなビジョンで考えなければならないと思うわ。私は10代の若者を取り巻く問題のウェブマガジンの編集長として、本当に多くの親、そして心理学者にインタビューしてきたけれど、そこで彼らに共通するのは、答えのない問題に取り組める想像力、イノベーティブな力と子供のパッションにフォーカスしていること。テストの勉強で育つのは人間じゃなくてコンピューターよ」

時間は万人に有限なものです。「出る杭」を育むには、「逃したチャンス」という意識を持ち、限られた時間を子供の「好き、得意、上手」などの長所を見つけ、伸ばすために活かさなければならないのです。チャンスを逃させたくない、そんな思いは私が出る杭の恐怖を克服する助けとなりました。子供に恐怖を抱かせたくなかったら、まずは親がそんな恐怖を克服することです。

憧れの人はみんな「出る杭」

お子さんにこんなふうに聞いてみてください。

- 何の強みもないその他大勢に憧れるか？
- 憧れの人は誰か？　どうしてその人に憧れるのか？
- 何の強みもなくて憧れの人のようになれるか？

次は憧れの人に近づくために「あんなふうになりたいと思ったら、『出る杭』になることを恐れてはいけない」と話し合ってみましょう。

出過ぎた杭は打たれない

「出る杭」も、出れば出るだけ社会の役に立つという話をよく娘としました。

例えば娘の憧れでもあった、黒人バレリーナであるミスティ・コープランド。彼女はロサンゼルスの貧しい母子家庭で育ち、13歳でバレエを始め、18歳でニューヨークに渡りアメリカン・バレエ・シアターに入団。2015年にはタイム誌で「世界で最も影響力のある100人（2015年版）」の一人に選ばれ、同年黒人女性では初の首席ダンサーであるプリンシパルに昇格しました。タイム誌の表紙を飾り、トニー賞授賞式ではプレゼンターを務めるなど、アメリカで最も有名なバレリーナの一人であり、10代の若者に絶大な人気を誇っています。

その人の持つ強みを最大限に生かし、自分にしかできない成功を成し遂げれば、それは自分の満足だけではなく、社会の役にも立てる。ミスティは社会から多くの共感を呼びました。黒人にクラシックバレエは向かないという偏見をハンディとせず、むしろ自分の強みに変えて、彼女はバレエ界の頂点に立ちました。どれほどの人たちが、彼女の成功に勇気付けられたことでしょう。「成功して目立つのが怖い」ではもったいない。そして彼女は自分の体験を語り子供たちに夢とやる気を与える社会貢献活動をしています。彼女の生き方に多くの若者が心を打たれました。そうして多くの人が共感してくれれば社会の役に立てる。「出すぎた杭は打たれない」のです。

周りに目を向ける

日本でもこうした異才を「出る杭」として打つことなく、大切に育てようという動きが現れつつあります。

例えば、東京大学先端科学技術研究センターと日本財団による「異才発掘プロジェクト」。秀でた才能や突出した興味があるものの、そのユニークさ故に学校で不適応を起こしている子供たちに、新しい学びの場所と自由な学びのスタイルを提供するという、学びの多様性を切り開く挑戦です。

また、ソフトバンクグループの孫正義社長が私財を投じて設立した孫正義育英財団では、人工知能（ＡＩ）が人間の能力を超える「シンギュラリティー」を見据え、高い志と異能を持った若者たちを未来のグローバルリーダーへ育てるべく、8歳から26歳までの96人を金額無制限で支援しようとしています。東京・渋谷には、選出された異才たちの交流と、クリエイティブ活動の拠点として支援施設を設け、スーパーコンピューターや３Ｄプリンター、ドローン（小型無人飛行機）、ＶＲ（仮想現実）／ＡＲ（拡張現実）関連などの最新機器を用意したほか、生物学や化学、テクノロジーなどの書籍・論文なども取りそろえているそうです。

このマインドセットが、広くあまねく、公的な教育現場にも浸透し、子供たちがそれぞれの「出る杭」を伸ばせる環境が整うことを願います。少子化だからこそ、そんな教育が実現しやすいのではないでしょうか。

「出る杭」であることは、これからの世の中に不可欠の武器です。子供の「出る杭」をサポートすることを躊躇していると、乗り遅れてしまうかもしれません。

ところが、ベネッセ教育総合研究所による保護者意識調査によると、自分の子供にはスポーツや芸術の活動よりも、もっと勉強をしてほしい――そう考える保護者が8年前より10ポイント以上増えているそうです。調査は２０１7年3月、3歳から高校生の子供を持つ母親1万６０００人にインターネットを使って実施され、２００9年の同種調査と結果を比較しました。「子供にはできるだけ高い学歴を身につけさせたい」が64・

4%で4・9ポイント増加。特に「運動やスポーツをするよりもっと勉強をしてほしい」と回答したのは39・4%で12・6ポイント増え、「音楽や芸術の活動をするよりももっと勉強をしてほしい」も12・7ポイント増えて、44・4%に上りました。

この結果からわかるように、保護者の間で将来への不安から勉強重視の傾向が強まっており、できるだけレベルの高い大学へ子供を進ませたいという旧態依然とした価値観が未だに根強いことを示しています。

確かに日本の大学入試の改革は、多面的、総合的評価への方向性は示されているものの、変革期の混沌とした状況下では、旧来からの「一発勝負の学力試験」というルートで準備をする方が確実、と判断する保護者が多いのは致し方ないことです。その場合は運動や音楽、芸術は試験科目にない＝やる必要はない、という判断になるのでしょう。相変わらず大学の偏差値表とにらめっこ、数値化された学力で大学を選ぶということになります。

けれど世界を見れば、求められるのは長所で育む「出る杭」です。日本の保護者の皆さんには、是非とも週末だけでも、お子さんが運動やアートに触れられる時間を作っていただきたいな、と記事を読んで感じました。

お子さんの意外な「出る杭」の素が見つかるかもしれませんよ。

自分の周りを「出る杭」で囲む

我が家にもよく娘の友達が遊びに来ましたが、私は娘に「友達は選ばれるのではなく、自分で選ぶのよ」と言っていました。アメリカは日本に比べて弱いものの、やはり同調圧力は存在します。そういう環境だと足の引っ張り合いも起こりえます。だからこそ私は娘に、自分の強みを伸ばそうとしている人で自分の周りを囲むことを勧めました。娘はバレエ、友人たちはテニス、ボート、ボランティアなど、それぞれの分野での「出る杭」ばかりが集まり、お互いが違った能力を持ち、切磋琢磨したものです。そんな環境では子供は安心して自分の好きなことや得意なことを伸ばすことができます。そうしてポジティブな「出る杭」が育つのです。娘とその仲良しの一人は、2017年の大統領教育賞（Presidential Scholar）でワシントンDCからたった二人、最終選考まで残りました。娘の友人は見事に勝ち残り、娘は「全米最優秀女子高生」奨学金コンクールで優勝しました。良き「出る杭」である友の存在は、互いに刺激し合い、更なる成長をもたらすのです。

まだ「出る杭」になるのが怖いですか？　人には自分が思っている以上の能力があります。パッションを見つけ、出る杭を育ててあげることは、その子の人生にとってとても大切な親の務めだと思います。そのためにも出る杭に対する見方を変えることです。出る杭に対するネガティブな思い込みと恐怖心はお子さんの可能性を殺してしまいます。

長所を伸ばし出る杭を育て、その子の能力と非認知能力を最大に引き出してあげましょう。

「出る杭」になれるのは素晴らしいことです。

第5章

「協働する力」こそが未来を切り開く

未来をたくましく生きるために必須の力

答えのない問題にあふれた現代で協働する力は必須の力です。そしてOECDが3年に1回実施する学力調査 PISAで初めて行われた「協同問題解決能力調査」において、日本は52カ国・地域中第2位、OECD加盟国32カ国中で1位という結果でした。文部科学省は「和を重視する国民性が反映された」と分析、「学校の総合学習などで問題解決能力を育む課題探究型の学習に取り組んだ成果」と評価しています。

日本の課題探究型学習の実績がまだ浅い中でのこの結果は、謙虚、勤勉、協調性、礼儀正しさなど、日本人の美徳が存分に発揮された結果だと思います。協働するという資質における、国民としてのポテンシャルの高さを感じずにはいられません。

アメリカでも重要視される「協働力」

ボーヴォワール校やナショナル・カテドラル校でも、グループアクティビティやディスカッションなどあらゆる機会で協働力を鍛える努力をしていました。もちろん娘が優勝した奨学金コンクールも例外ではありません。このコンクールは2週間にわたり繰り広げられます。ですがどうして2週間もの長い時間をかけるのでしょうか?

まず最初の1週間は、地域社会との交流を図るために、小学校や老人ホーム、病院などで、出場者51人が揃ってボランティアをします。またその合間には海に行き、地元のレストランで「カニの早食い競争」などというユニークな趣向もあります。そして次の1週間の前半は予選と決勝のリハーサル、最後の4日間が大会を応援してくれる地域の人のための無料パフォーマンス、予選、決勝となっています。2週間にわたって一緒に考え、行動し、最良の結果を求めて協働してきた彼女たちの間には、優勝よりも大切なことが生まれているのです。それは、一緒にコミュニティーを作り上げた喜びとそのコミュニティーが一層良くなるようにと協働しみんなで到達した結果です。

一人の勝者を生むのではなく全員で勝つ。それが協働力のスピリットなのではないでしょうか。一人の力でできることには限界があります。ですがいろんな強みを持った多くの人が一つの目的に向かって協働すれば、より大きなことを成しとげることができるのです。答えのない問題にあふれた現代だからこそ、より大きな挑戦がはだかる現代だからこそ、協働力が必須なのです。

21世紀に大切な協働力を、娘の母校もこのコンクールも、コミュニティーへの帰属意識によって育んでくれました。

1 コミュニティーの一員として協働力を鍛える

ボーヴォワール校で、協働力を育むための努力の一つに「Hopes & Dreams」と呼ばれるプロジェクトがあります。これは子供たちが同じコミュニティーに属する一員であるという自覚を促すものです。ボーヴォワール校では、毎年学校の初日にこれを実践します。各クラスの子供たちが、「今年はボーヴォワール校でどんなことを学びたいか」という希望や夢を紙に書くというものです。それを教室内に貼り出し、クラス全員で共有します。そして一人ひとりの夢を叶えるためには自分たちはどうすればいいのか？というルールをみんなで考えるのです。クラスのルールは先生から与えられるものではなく、子供たちが作ります。その際、ボーヴォワール校のライフ・ルール、「尊敬する」「責任を持つ」「嘘をつかない」「親切にする」という4つのルールをもとに考えます。「本をたくさん読みたい」「野球がうまくなりたい」などいろいろな夢があれば、「読書の時間は静かに過ごす」「チアリーダーになって応援してあげる」などのルールができ上がるのです。

ボーヴォワール校に22年間勤務するジョイナー先生は次のように語ります。

「自分たちでルールを作り、自分たちがそれを守る。そしてお互いを応援しながらコミュニティーの一員であることを学んで欲しい。そして自分たちのコミュニティーをよりよくするためにはどうすればいいかを考えて、行動できるようになって欲しいのです」

協働力のためには、同じ目標に向かって進んでいるという自覚が必要です。そのためにコミュニティーの一員となり、同じ目標を見つめることは、協働力を鍛える素晴らしい訓練であるばかりでなく、大切な人とのつながりという大きな財産をもたらします。

そんな良好な人間関係は第3章で話したレジリエンスアップにもつながります。

今すぐ家庭でできること

コミュニティーの一員となって協働力アップ！

協働力の最小単位は家族

我が家でも家族というコミュニティーに参加している自覚を持つために、全員参加でルールを決めました。そしてこのルールを全員で守ったのです。家族が協力してより良い未来を作り上げていくことが家族の協働です。そのための最低限のルールには、以下のようなものがあります。

- **家族の中の自分の役割に責任を持つ**
- **夕飯は可能な限り一緒に食べ、その日の出来事をオープンエンドで話す**
- **自分でできることは自分でやる**
- **年1回家族一緒にボランティアをする**

より大きな家族の協働力を作り上げる

アメリカでは子供が生まれると、兄弟姉妹、親戚、友人、尊敬する先輩などからゴッドファーザー、ゴッドマザーと呼ばれる特別な存在をその子のために選びます。法的なものではなく慣習的なもので、その子にとって特別な存在の大人ということですが、子供の成長に関わることで、子供が大きくなるにつれて親に相談しにくいことなども話しやすい相手となります。もう一人の親のような存在として、子供を見守ってくれひと回り大きな家族のコミュニティーができあがります。そうしてどうやったらより発展していけるかと協働するのです。それも、家族3人よりももっとたくさんのメンバーで。

私の娘のゴッドマザーは夫の姪ですが、私とは全くタイプの違った女性で、それがまた娘には刺激になっているようです。小さい頃から必ずお誕生日には電話をくれ、時間があるときはコネチカット州の自宅からワシントンDCまで家族を連れてきてくれるなど、家族ぐるみでの付き合いです。そして娘の進学などにも心を配ってくれる、私にとっても頼もしい相談相手となっています。卒業や入学を祝えるもう一つの家族という感じなのです。日本にはない習慣ですが、子供にも大人にも頼りになるとても良い習慣だと思います。

学校外のコミュニティーで子供を愛で包む

我が家では、どうしてもライバル意識が出てしまう学校関係や、利害関係のある仕事の関連先ではなく、全く別のところでコミュニティーを広げました。私や夫の趣味の関係が多かったですが、利害関係がなく、私たちをありのままに愛してくれる温かいコミュニティーを作ることができたと思います。

私たちのあるがままの姿を愛してくれる人を中心につながりを広げ、そして助けてもらったら自分も相手を助け、どうしたらお互いより発展していけるかを考えながらこのコミュニティーを家族同様大切にするように心がけました。

コミュニティーは子供だけでなく親の助けにもなる

我が家は学校以外の場所にコミュニティーを作りましたが、友人のジュディは学校のスポーツチームを中心に、子供と家族を囲むコミュニティーを作ったそうです。「週末にはよく大鍋にパスタを茹でてチームメイトやその家族と一緒に夕飯を食べたりしました。子供を取り巻くコミュニティーは子供だけでなく、私たち親の助けにもなるからです。そしてコミュニティーを作り上げる大切さは私たちを通じて子供にも受け継がれています。人生を振り返ったときに、自分はこれで成功した、これを成し遂げた、という達成感もありでしょうが、我が家が本当に大切だと思っているのは、そういうことではなくて、人と人とのつながりなのです。子育てにおいて人と人とのつながりは、我が家にとって大きなテーマでした」。そうして彼女のコミュニティーは、子供たちがラクロスで優勝するという目的に向かって、夜はしっかり眠る、週末は金曜日だけハメを外す、などのルールを決めて、脱落しそうな人がいたらみんなで助け合い、一つの目標に向かって前進するという協働力で優勝を勝ち取ったのです。

たくさんの人と付き合いたいと思わない日本人

株式会社ジェーディーエスが２０１７年2月に、13歳から74歳の男女を対象に実施した「人との付き合い方に関する意識調査」によると、「あまりたくさんの人と付き合いたいと思わない」という人は、62・5％という結果になっています。

ですがそんな中でも協働力をみがくことはできます。まずは身近なところでコミュニティーを作ってみてはいかがでしょうか？　私たちが住む社会をより良くするために協働力は21世紀に必須の力です。

2 国際化、多様化の中の共感力を鍛える

協働力を育むためには、何よりも「共感力」が必要です。自分以外の人と効果的・建設的に作業するためにはその人が今、どんな立場に置かれているのか、どのような背景が今のその人を形作っているのかなど、自分自身が持っている先入観をなくし、オープンマインドに考えられる柔軟性と「相手の立場になって考える」ことが求められます。

実はグローバル社会では、宗教に対する偏見があらゆる災いを生んでしまうことが少なくないのですが、元々日本人は人種や宗教に関しての偏見を持たないことが多く、この点では日本人ほどオープンマインドな国民はいません。お宮参りや七五三は神社（神道）、クリスマスや結婚式は教会（キリスト教）、お葬式はお坊さん（仏教）などと皮肉を言われる日本人ですが、良い意味で捉えれば排他性がなく、共感力が高いことの象徴

だと言えます。

このように、元々オープンマインドで共感力の高い日本人ですが、小さな島国に同一言語、同一民族で平和に暮らしている日常では、似たような経験、似たような背景から実際に経験できることは限られてきます。

例えばアイビーリーグ8大学の中でもより多様化が進んでいるコロンビア大学の2017年9月入学生のプロフィールを見てみましょう。

まず留学生は76カ国から来ており、その割合は全体の16％。アメリカ国内は東部、南部、中西部、西部で同じ国とはいえ政治的背景、文化や歴史に大きな違いがありますが、全50の州から生徒が入学しています。その割合は東海岸39％、ニューイングランド地方9％、中西部11％、南部19％、西海岸24％。男子生徒と女子生徒の割合はそれぞれ50％。人種の割合は白人39％、アフリカ系アメリカ人14％、アジア系アメリカ人29％、ヒスパニック系14％、ネイティブアメリカン3％と非常に多様化しています。

コロンビア大学から奨学金を受けている学生は全体の5割を超え、ペル奨学金を受給している学生も16％となっています。家族の中で初めて大学に通うことになった生徒の割合は17％です。最高の教育を受けるために経済的理由や家庭環境がハンデとならないような制度が整っていることは多様化の大きな助けとなっています。

第4章でそれぞれの強みを発揮して切磋琢磨することでお互いがどんどん高まる、という話をしましたが、多様化の進むコロンビア大学はアイビーリーグ8大学の中で一番多くのノーベル賞受賞者82人（教授、卒業生）を輩出しています。

日本がいずれこれほどの多様化社会になるかどうかは別としても、これからの社会で働く子供たちは、今よりもっと多くの違った背景や意見を持つ人と働く機会に出合うことでしょう。同一言語同一民族で暮らしている今以上の共感力を求められることになるでしょう。

オバマ大統領も、これからの社会では共感する力がどれだけ大切かということをスピーチの中で触れています。国際化、多様化、経済格差が日本よりも大きく進む社会での協働力を育む努力として、アメリカが重視している「共感力」の育み方をお話ししたいと思います。

今すぐ家庭でできること

共感力を鍛えて協働力アップ!

ボランティアやインターンでの経験を通して共感力を高める

共感する心「相手の立場に立って考える力」を鍛えるには、たくさんの疑似体験をすることが効果的です。その一つボランティアは地域社会の一員としての自覚を生み、自分のできることで社会に貢献する素晴らしい機会です。そして、自分が置かれた環境とは違った経験をする素晴らしい疑似体験の機会でもあります。

日本とアメリカの高校生活で決定的に違うのは、ボランティアへの取り組み方にあると思います。娘の高校では、4年間に最低60時間のボランティアをしないと卒業できません。加えて20時間の学校内でのボランティアも必要です。アメリカは学校の夏休みが長いため、夏休みにボランティアやインターンに勤しむ高校生が非常に多いです。

娘は高校のボランティア部の部長として、高校4年間を通してボランティア活動に励んでいました。高校1年生と2年生の夏休みには集中して5週間毎日、貧困地区にあるワシントンバレエ団の教室で先生の助手を務めました。実は高校生の助手は前例がなかったのですが、娘は校長に直談判して助手になりました。ここで彼女は、自分が育った

図7 娘スカイの夏休みのボランティアとインターンの経験

9年生(中学3年生)

- 貧困層が必要とする衣類や食料などの物資の寄付を募る非営利団体ワイダーサークルでのボランティア(2週間)
- 国際学生会議ワシントンDC本部インターン(1週間)

10年生(高校1年生)

- ハルシオンハウス社会起業家インキュベーター　インターン(4週間)
- 貧困地区にあるワシントンバレエ団付属学校の指導助手(5週間)

11年生(高校2年生)

- ハルシオンハウス社会起業家インキュベーター　インターン(4週間)
- 貧困地区にあるワシントンバレエ団付属学校の指導助手(5週間)
- 福島被災地でのバレエボランティア(1日)
- イタリア食材店でのアルバイト(夏休み中)
- 福島県選出参議院議員森まさこ事務所(2週間)

12年生(高校3年生)

- 「全米の傑出した若い女性」(The Distinguished Young Women of America Scholarship Program)出場
  全米最優秀女子高生に選出(2週間)

世界とは全く違った現実を目の当たりにします。

娘の友人の中には、難病で長期入院を強いられている子供たちにお誕生日会を開くコミュニティーサービスの代表を務め、その活動の資金集めのイベントを企画するなどの慈善事業に携わっている子もいれば、自閉症の子供たちが集まるサマーキャンプのカウンセラー、得意の歌や楽器など音楽を通じたチャリティー、ホームレスの食事支援をしている子たちもいました。こうしてアメリカの子供たちは、いろんな人生、環境に触れ、共感力を育んでいるのです。

また、**インターンもリアルな社会活動に触れることのできる貴重な機会です**。「国際学生会議」は１９３４年、満州事変が勃発後、緊張を深める中で日米の直接対話の重要性を訴えるために設立された、日本で最も古い国際交流団体です。ここでのインターンは、娘が日米関係に強い関心を寄せる大きなきっかけとなりました。「ハルシオンハウス」とは、若くて才能のある芸術家、科学者、起業志望の人たちに住まいとオフィスを提供する社会起業家支援事業で、その社会貢献度の大きさからあらゆる賞を受賞していますが、ここではＳＮＳを担当してニュースレターを書くなど、広報活動を手伝いました。

ここで全米から集まったそれぞれに違った分野での優秀な「出る杭」との交流は、娘にあらゆる視点を与えてくれ、疑似体験に加えて、またとない素晴らしい成長の機会となったのです。森まさこ参議院議員事務所での経験は「人の役に立ちたい」という気持ちをますます刺激したようです。

本やドキュメンタリーによる疑似体験も有効

我が家では夫が歴史好きということもありますが、よくノンフィクションの本を一緒に読んでいました。それからドキュメンタリー番組を週末に家族で見ることで、実体験できない分を補っていました。

また私の仕事柄、いろんな職業の人に出会う機会があるのですが、そのときに同席させることもあり、疑似体験を増やしていました。

世界の舞台で共感力を伸ばすためにも英語力を伸ばす

国際化、多様化が進めば、会議の場、会話の場は自然と英語になります。ですからまずは、英語がしっかり聞けて話せなければ、世界が舞台の場合、共感力、協働力以前の問題となってしまいます。

私は20歳のときにも1年間ロンドンに語学留学しているのですが、全く英語がわからず、名前を聞かれてもわかりませんでした。「What is your name ?」と聞かれてわからずに「May be」と言ったから、しばらく私の名前はメイビーになっちゃったくらいです。もう一つ日本人が英語力を磨く利点があります。それは「意見を言わない」と言われている日本人が意見を言うと「おー」という感じで皆さん興味津々に耳を傾けてくれるということです。そこで上手な英語でペラペラとやると、またまた「おー」となって非常に印象に残るのです。そして皆さん真剣に聞いてくれます。そんなところからも交流が生まれるのですよね。

日本人には英語がとても上手になる基盤があります。それは詰め込まれる文法と単語の量です。アメリカ人でも間違うようなことを知っているくらい、日本人は文法には精通しています。単語だってそう。かなり難しいものを知っています。必要なものは日本の学校に通っていれば全て揃います。だからあとは実践の機会を増やすだけです。道具ですから使えば使うほどスキルアップします。

実践の機会を増やすためにできることをいくつかご紹介します。

英語力アップのために

家庭で毎晩、5分間英語で会話する

上手でなくていいのです。正しくさえあれば。道具だから、正しく使わなければ結果は出ません。そのときに必要なのは、シンプルな文法と単語です。それに親よりお子さんの方が発音もいいし覚えるのも早いです。そんなこともお子さんの自信につながります。

「今日は英語の授業でどんなことをやったの？」という感じで、お子さんが先生になって家族に教えるという方法もありだと思います。我が家では日本語を全然話せない夫を生徒にして娘が「授業」をしていました。結局「クマ」「うさぎ」くらいしか夫は覚えませんでしたが、娘は終始日本語で教えていて、とても良い実践の機会となったのです。

留学という方法もありますが、ここで大切なのは留学自体ではなく、その後どうするかです。言語忘却について詳しい大妻女子大学・大学院の服部孝彦教授によると「忘却は成田に着いた瞬間に始まる」そうです。

「忘れる」というのは人間の生理的現象であるため、「忘れない」という生理的現象に逆行する行為には相当な努力が必要だといいます。そこで役立つのが親の介入です。親の努力が子供の英語力を左右します。そのためには英会話教室やインタラクティブなネットでの教材を使って、学んできたことをキープする努力が必要です。その足場を作ってあげるのは親の役目なのです。

ところで、国際化、多様化が進み、協働力が問われる社会でのリーダーシップとはどのようなものなのでしょうか。

3 21世紀のリーダーシップとは

皆さんがイメージするリーダーとは、どんな人でしょうか？　リーダーシップにはいろんな解釈があり、リーダーシップ養成講座もたくさんありますが、多くの方が思い描くのは人を引っ張っていく、いわゆる「ボス」タイプのトップダウン型リーダーではないでしょうか。

変わるアメリカのリーダーシップ教育

ですがアメリカに住んでいると21世紀のリーダーシップはすでに違ってきているということが見て取れます。より良いコミュニティー、社会のために答えのない問題にどうすれば最適な結果にたどり着くことが出来るかを問われる21世紀。アメリカはもはや子供を「ボス」になるようにという教育はしていません。代わりに子供を個人の利益に走るようにではなく、自分よりも大きなコミュニティー、社会がより良くなるために自分ができることは何か、そんな概念の中で目的意識を持つように教育しています。

例えばハーバード大学では「我々の使命は社会のために学生を Citizen-leader となるよう教育することだ」と言っています。この Citizen-leader ですがこれはリーダーであり一市民である、ということ。

同じくアイビーリーグのエール大学ではそこに通う学生のためのリーダーシップ・インスティテューションを設置して学生のリーダーシップの育成に励んでいますが、その使命は「モラルと勇気があり将来の明確なビジョンを持つ、社会のポジティブな変化を促進するリーダーを育てることにある」と言っています。

またいろんな大学の入試課のウェッブページを見ると大抵「What we look for 志願者に求めること」という項目があります。これは「どんな学生に興味があるか」ということですが、そこには「これからの社会のリーダーとなるポテンシャルのある人、また大学の環境を最大に活かし、学内、社会の役立つ一員となる人」というようなことが書いてあります。

コロンビア大学の What we look for には「志願者の人格やパーソナリティー（を考慮し）、また多様なキャンパス環境に大きな刺激と影響を与えられる人」とあります。

学校は個人の利益ではなく、自分が属するコミュニティー、社会がどうすればより良くなるか、そう考えることを求め、教えているのです。自分よりも大きな社会のために夢を見る。より大きな目的に到達するには一人の力でできることは限られている。だからこそ多くの人、違う強みを持ついろんな人が集まって、建設的に双方向のコミュニケーションをはかり、考える力を発揮して、一つの大きな目的のために最適の結果を求めて協働する。

周りに目を向けてみると、こういった教育はすでに見える形として結果が出ています。例えば起業家。これはすでに社会起業家というコンセプトがアメリカでも非常に一般的になってきています。営利目的の企業がどうやったらそのビジネスでより良い社会のためになることができるか。ただお金を儲けるだけの企業にはリーダーシップがない、そういう社長のもとでは発展性はない、今はそんな社会です。

自分一人が良くてもダメなのです。社会の発展には全体が発展していかないと。そのためにはまずコミュニティーの一員であるという自覚が必要です。だからこそボーヴォワール校もナショナル・カテドラル校も、奨学金コンクールも、まずは自分たち一人ひとりがコミュニティーを作っているコミュニティーの一員であるという帰属意識を育んだのではないでしょうか。

一人ひとりがコミュニティーの一員であるという自覚を持ち、より良い未来に向かっての目的意識を持ち、持てる強みを発揮し、オープンマインドで行動し、結果を出す。いろんな人が協働していかないと解決できない問題に溢れる21世紀だからこそ、人の気持ちに寄り添い、自分一人のためではなく、自分が属する社会をより良くしていこうとする気持ち、解決に向かって協働して進んでいけるスキルと非認知能力、出る杭とそこで鍛えた人間的魅力が、21世紀のリーダーに求められている資質なのです。

ボーヴォワール校でのリーダーシップ育成の試み

アイビーリーグに多くの卒業生を送り出すボーヴォワール校は、子供一人ひとりの個性を大切にし、各自が自分一人よりも大きなコミュニティーの一員であり、コミュニティーをより良くするという自覚を育てています。その教育の核となる価値観は「子供時代を大切にする（Childhood）」「協働（Collaboration）」「想像力（Creativity）」「好奇心（Curiosity）」「勇気（Courage）」そしてこれらの価値観に基づき全校生徒、先生、職員、親が全員で守る学校の「ライフ・ルール」は、「親切」「尊敬」「責任」「正直」です。

こうして学校というコミュニティーがより良くなるように、一人ひとりが自覚を持って行動するのです。コミュニティーの最小単位である家庭でも同様です。また学校を取り巻くご近所やワシントンDCというより大きなコミュニティーと協働して、「コミュニティーがより良くなるように」という目的を達成するために、子供たちは4歳からボランティア活動を始めます。

年齢に合わせて、小さい子でもできるようにウォーカーソン（Walk-a-Thon）という参加費を払って校庭を何周かしてその収益金を寄付したり、毎月1回は全校生がおやつを袋に詰めてホームレスに温かい食事を提供する施設に持って行ったり、感謝祭の時期には缶詰を各自が持ち寄って感謝祭の食事ができるようにしたり。またクリスマスの時期になるとギフティング・ツリー（Gifting Tree）といって未使用の手袋や靴下を自宅から持ってきてクリスマスの飾りのように下げて、それを近くの施設に寄付したり、春になるとこれから夏に向けて必要になるだろう洋服などを持ち寄り、施設に寄付します。

これは施しを与えるという発想とは全く違って、みんなが属しているコミュニティーをより良くするために、自分ができることで貢献するということです。小さいうちはできることに限度があるので、どうしてもこういった活動が中心になりますが、その根底にあるのは「コミュニティーを良くしたい」という自覚なのです。

カテドラル校でのリーダーシップ育成の試み

娘が通ったナショナル・カテドラル校では教育の根幹となる価値観として「Excellence（卓越）：ベストを尽くしコミュニティー全体で達成したこととそのための一人ひとりの貢献に敬意を払う」「Service（奉仕）：私たちにはより良い社会のために貢献する義務があり、他の人のためになる」「Courage（勇気）」「Conscience（良心）」

をあげています。

ナショナル・カテドラル校では、クラブ活動をリーダーシップの良い機会と捉えています。そして多様な興味に対応するために30近くのクラブ活動があります。それは生徒自らが目的とゴールを決め、それに向かって新入部員を勧誘し、計画を立て、運営します。ここでは部長だけがリーダーシップを取るのではありません。参加者全員が21世紀の協働型リーダーシップを発揮しなければ、自分たちで決めた最大の結果に到達することはできません。

ボーヴォワール校もカテドラル校もボランティアが盛んですが、(実際ナショナル・カテドラル校では、卒業時に60時間の学校外でのボランティアと20時間の学内でのボランティアをしていないと卒業できません) それはコミュニティーの一員としての自覚を高める以外に、自分を知り、その組織の目的とゴールのために自分の強みを活かし、そのコミュニティーが目指している目的に向かって、それぞれがリーダーシップを発揮する良い訓練ともなるからです。

21世紀、日本人の持つポテンシャル

21世紀のリーダーシップを考えたとき、日本人には大きなアドバンテージがあります。

戦後の復興期、そして震災からの復興――日本人には「日本のために」という大きなミッションの下に考えることができる、そういう国民性が昔から培われています。

そんな21世紀のリーダーシップと協働力に大きなアドバンテージを持つ日本には、より大きなポテンシャルがあるのです。

最後に21世紀のリーダーシップにとって、私が一番大切だと思う「謙虚な心」についてお話しし、科学的データと実績ある教育法に裏打ちされた子育ての実践集を終えたいと思います。

謙虚な心を育む

私の出身は福島です。震災があったときに毎日テレビに釘付けになる中で、心に強く焼きついたことがあります。それは謙虚さをはじめとする日本人の美徳でした。これは世界が認める日本人の素晴らしい資質です。その中でも、謙虚さは一番に挙がるのではないでしょうか。

謙虚さがなければ共感力は育ちません。謙虚さがなければ応援してくれる人はおらずコミュニティーで孤立します。謙虚さがなければ協働作業はできません。これはとても大切な非認知能力ですが、アメリカでは「やってもらって当たり前」「そんなのは自分の仕事じゃない」と言った特権意識に子供が陥らないように謙虚さを教えるコンサルティングがあるほどです。それを日本人は 学校の掃除を自分たちでするなど、普通の生活を通して自然と身につけているようです。

「私一人では伝えられない日本の素晴らしさがある」と気がつき、震災の1年後、娘が中学2年のときに日本に1年間留学させることにしました。もちろん命令ではなくスカイの意見を聞きながら決めたことでしたが、その1年を振り返って娘が言ったことは、「日本大好き！」だったのです。

仕事でどうしても1年間日本に移住することが難しかった夫と私は、3週間おきに交代で日本に住む娘の世話をするためにワシントンＤＣと東京を往復しました。日本の素晴らしさを体験し、そして身につけることのできた1年間は親として娘に贈れる最大のギフトでした。

「あなたにとって成功の定義は？」。これは全米最優秀女子高生奨学金コンクール決勝の「自己表現力」部門で娘が引いたくじに書いてあった質問です。

「失敗から学ぶこと」

日本で自然と身につけた謙虚な姿勢は、審査員のみならず観客の心も捉えました。

たくさんのことをアメリカの学校は娘に授けてくれました。そして日本は、娘に人間として大切な多くのことを教えてくれたのです。この2つが合わさってこその優勝だったと思っています。

おわりに

ひとつ私の失敗談をお話ししたいと思います。それは娘がまだ幼稚園に上がる前のことでした。私は娘に「あなたのためを思って」、とあるお稽古を押し付けます。子供は親に愛されたいもの。だから嫌いでも苦手でも、親のために言われたとおりにします。ですが嫌いで苦手なら、当然上達するわけがありません。そして娘が他の子より下手で上達しないことにイライラする私を見て、娘は不安そうにしゅんとするのでした。

そんな娘の姿が大学院留学前の自分の姿と重なったのです。誰かが決めた「こうあるべき」に縛られて、間違ってしまったり失敗したりするのが怖くて、自分の夢もパッションも忘れ、人生を思い切り生きられない息苦しさを感じていた頃の私と。

私は娘の自分らしさを無視し、型にはめ、私の希望を押し付け、「××しなさい」「××すべき」と娘の人生のレールを引き始めていたのです。

そんなときに出会ったのが、科学に裏付けられた真の思考力と一緒に強い心（社会情緒的スキル、非認知能力）をはぐくむ子育てでした。わたしたちが通うことになった幼稚園では、子供たちは自分で考える力に富み、明るい笑顔で健康な自信に満ちていました。「自分で人生を切り開き、どんなときも自分らしく強く生きて欲しい」、という私の想いの答えがここにあると思いました。

「××しなさい」の代わりに、「あなたはどうしたい?」と子供に自由に発言する機会を与え、「××すべき」の代わりに子供の目が輝くことを応援する。毎晩の夕飯時に「今日はどんな1日だった?」とその子が大切な存在であることを認め、「一番じゃなきゃダメ」という他人との比較ではなく、その子の基準を重視する。失敗しても、ちゃんとした心のセーフティーネットがある。

この子育て法で親がすることは子供を観察し、子供の声に耳を傾け、子供を知り、その子の可能性を最大限に引き出すためのそんな安全な環境作りです。学びの機会を経て、私はこれを徹底させました。

子供にはそれぞれに唯一無二の素晴らしい個性とものすごい能力があります。それらを最大に引き出すのは、親が作る安全な環境、「インターベンション＝介入」です。「××しなさい」「××するべき」の代わりに、お子さんの思考力と強い心を育むためにここで紹介している様々な介入を実践していってください。そうすれば今までと全く違った子供の姿、そして可能性が見えてくるはずです。

本著を最後まで読んでくださり本当にありがとうございました。本著が皆様の子育てのお役に立つことを願っています。

最後になりましたが、本著の出版にご尽力くださった皆様に心より感謝申し上げます。本著の執筆はまさにIt takes a village（子育ては村の皆でする）でした。この本の企画の基となった東京での講演会に2回も足を運んでくださり何ヶ月にも渡って私を支えてくださったダイヤモンド社編集部の山下覚さん、全力で応援してくださったダイヤモンド社の皆さま、豊富な知識で多大なアドバイスとご協力を頂いた加藤紀子さん、「ボークさん、一緒にやろうよ」と最初のきっかけをくださったアップルシード社の鬼塚忠さん、どんな時も私を信じ何時間もじっと話に耳を傾けてくださったエージェントの原田明さん、そしてインタビューに答えてくれたたくさんの友人たち、みんなの力が結集しての協働作業でした。この素敵なチームの一員であれたことは私にとって非常なる喜びであり、幸運です。ありがとうございます。

そして一生懸命私を育ててくれた両親、かけがえのない夫ティムと娘スカイに、愛と感謝を込めて。

2018年1月ワシントンDCにて

ボーク重子

［著者］

ボーク重子（ぼーく・しげこ）

ロンドンの大学院で現代美術史の修士号を取得後、南仏で出会った夫との結婚を機に1998年ワシントンDCに移住、出産。全米一研究機関の集中するワシントンDCで、「自分で人生を切り開き、どんなときも自分らしく強く生きてほしい」との願いを胸に最高の子育て法を模索する。科学的データ、最新の教育法、心理学セミナー、大学での研究や名門大学の教育に対する考え方を詳細にリサーチし、考える力と心の強さを一緒に育むアメリカのエリート教育にたどりつく。娘スカイを「全米最優秀女子高生 The Distinguished Young Women of America」にした。

2004年ワシントンDC初のアジア現代アート専門ギャラリーをオープン。2年後には米副大統領夫人、美術館や有名コレクターなどVIPが顧客のトップギャラリーに。2006年アートを通じての社会貢献を評価されワシントニアン誌によってオバマ大統領（当時上院議員）やワシントンポスト紙副社長らとともに「ワシントンの美しい25人」に選ばれる。2009年には自身のワークライフバランスのためアートコンサルティング業に転業。2011年にスタートした女性の応援サイトaskshigeko.comは人気ブログとなり、ライフコーチの資格も取得。現在は20年近いアート業界でのキャリアに加え、ライフコーチとして全米、日本各地で子育て、キャリア構築、ワークライフバランスについて講演会、ワークショップを展開中。

女性の応援サイト　askshigeko.com
コーチングサイト　shigekobork.com

著者エージェント：アップルシード・エージェンシー
http://www.appleseed.co.jp

世界最高の子育て
――「全米最優秀女子高生」を育てた教育法

2018年2月21日　第1刷発行
2018年4月20日　第4刷発行

著　者――ボーク重子
発行所――ダイヤモンド社
〒150-8409　東京都渋谷区神宮前6-12-17
http://www.diamond.co.jp/
電話／03·5778·7232（編集）　03·5778·7240（販売）

装丁――――小口翔平（tobufune）
本文デザイン―布施育哉
校正――――鷗来堂
製作進行――ダイヤモンド・グラフィック社
印刷――――勇進印刷（本文）・加藤文明社（カバー）
製本――――ブックアート
編集担当――山下 覚

ISBN 978-4-478-10388-3